일본의 지역별 인구

효고현
557만 명

후쿠오카현
511만 명

오오사카

후쿠오카

고베

큐슈 九州

4.2만㎢
(경상도+충남)
1,317만 명

시코쿠 四国

1.9만㎢ (경북)
393만 명

오사카부
886만 명

훗카이도 北海道

ほっかいどう
8.3만㎢ (남한-강원도)
547만 명

□ 삿포로

혼슈 本州

22.8만㎢ (남한+북한)
1억 360만 명

사이마타현
720만 명

사이타마 ■

도쿄도
1,320만 명

후지산 ■도쿄
■요코하마

치바 현
620만 명

카나가와현
907만 명

아이치현
742만 명

나도 일본어로
말할 수 있다

완전초보 일본어 첫걸음

나도 일본어로
말할 수 있다

완전초보 일본어 첫걸음

이형서 지음

Vitamin
비타민북 **Book**

머리말

여러분, 반갑습니다! 일본어를 시작하겠다고 결심하셨나요?

일본어를 알게 되면 우리말도 더 잘 알게 됩니다. 그리고 새로운 우주를 알게 됩니다. 그리고 새로운 친구가 생기는 것과 같습니다.

일본어는 한국어와 유사하여 친척관계에 있는 언어입니다. 그래서 많은 분들이 일본어 공부를 시작하십니다. 그런데 공부를 시작했지만 히라가나만 외우려다가 포기하진 않으셨나요? 재미없는 내용의 본문에 공부할 마음이 안 나셨다고요? 우선 책이 재미가 없으면 처음 몇 페이지만 보고 덮어버리게 되지요. 교과서처럼 너무 건전하고 건조한 문장을 읽다가 질려 버리기 십상입니다. 〈완전초보 일본어 첫걸음〉은 일본어 왕초보자들이 혼자서 쉽고, 재미있게 공부할 수 있도록 만들었습니다.

*일본어 본문 + 우리말 해석이 녹음된 mp3 제공

일본어 문장은 일본인 남녀 성우가, 우리말 해석은 한국인 성우가 녹음했으므로 MP3만 들어도 공부를 할 수 있습니다. 시간 날 때 마다, 출퇴근할 때 틈나는 대로 들어보세요. 반복해서 듣다 보면 일본어에 익숙해져서 자신감도 생길 것입니다.

*일어 구문과 문법을 친절하게 해설

매과마다 새로 나오는 문법 사항을 모두 해설해 놓았습니다. 그리고 지루하지 않도록 최근 일본의 속어나 신조어도 소개했습니다. 일본 문화나 속담도 수록하였습니다.

*매과 뒤에 평가문제

본문 공부를 제대로 했는지 스스로 문제를 풀어보는 평가문제를 실었습니다.

*일본여행에 꼭 필요한 회화

권말 부록으로 일본 여행객 7백만 시대에 맞게 일본 여행에 꼭 필요한 회화와 일본의 지리 및 최신 정보를 담았습니다.

책 한권에 모든 것을 담을 수는 없습니다. 80년대에 제가 공부할 때는 입문서 한권으로 부족할까 하여 다른 기본서를 또 사보았습니다. 하지만 요즘은 유튜브 시대이므로 재미있는 동영상이 넘쳐납니다. 일본어가 담긴 모든 것이 교재라고 생각하시고 노력을 기울이시면 일본어 초보 탈출은 금방 이루어집니다. 독자님들의 건투를 빕니다!

저자 드림

이 책의 구성

히라가나 쓰기부터 문법, 여행회화까지!

🌸 일본어 문자와 발음

일본어 글자 히라가나와 가타카나를 익히자!

🌸 기본 표현과 문법

기본 표현을 통해 새로운 문법을 배운다. 친절한 설명을 읽으면 기억에 남는다.

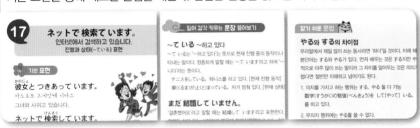

🌸 실전 표현

기본 표현을 더 발전시킨 표현을 익혀 확실히 마스터한다.

🌸 여행 회화

일본 여행 시 휴대하여 당장 쓸 수 있는 표현을 알아 둔다.

🌸 평가 문제

복습 개념으로 본문에 나온 문장을 다시 작문해보는 연습!

차례 Contents

Part 3 일본 여행에 꼭 필요한 일본어 회화

Part 1

일본어 문자

일본어에 쓰는 문자

일본어에 쓰는 문자는 우선 히라가나(ひらがな)와 가타카나(カタカナ)가 있고 한자(漢字)를 병행하여 사용합니다. 히라가나와 가타카나를 아울러 가나(仮名)라고 하는데, 한자에서 따온 표음문자입니다.

❶ 히라가나(ひらがな)

히라가나는 서기 800년경부터 사용되기 시작했습니다. 여성들이 주로 사용했기 때문에 여성글자라고도 합니다. 히라가나가 나오기 이전에는, 한글이 없던 우리나라에서 이두를 썼듯이, 한자의 음과 훈을 빌려 일본어를 표현했습니다. 물론 그것이 무척 불편했기 때문에 히라가나가 만들어지게 된 것입니다.

히라가나(ひらがな)는 한자를 간략화한 초서체에서 만들어진 문자입니다. 붓으로 빨리 흘려 쓴 형태이므로 곡선적인 모양입니다. 일본어를 배울 때 가장 먼저 배우게 되는 문자이며 일반적으로 가장 많이 사용되기 때문에 처음부터 확실히 익혀 두어야 합니다.

あいしてる 아이시테루 (사랑해)　　**すみません** 스미마센 (미안합니다)

❷ 가타카나(カタカナ)

가타카나의 발생도 히라가나와 같은 시기입니다. 2차대전 이전만 해도 공식적인 문서에는 한자와 가타카나가 사용되었습니다. 80년대까지는 전보문에도 사용되었습니다. 가타카나(カタカナ)는 한자의 자획 일부를 취하거나 단순화시켜 만들어져서 직선적인 형태입니다. 외래어·의성어·의태어·광고문이나 특별히 강조하고 싶은 경우에 부분적으로 사용합니다. 일본 잡지나 간판은 가타카나로 넘쳐날 정도로 외래어를 많이 사용하므로 확실히 외워둡시다. 히라가나보다 처음엔 상당히 헷갈립니다.

ピザ 피자 (피자)　　**ラーメン** 라ー멘 (라면)

❸ 한자(漢字)

일본어 문장은 주로 히라가나와 한자로 이루어집니다. 한자가 들어가면 문장의 의미 파악이 쉽고 명확해집니다. 한자 읽기는 중국의 음을 따라 소리나는 대로 읽는 음독(音讀)과 한자의 뜻(일본 고유어)으로 읽는 훈독(訓讀)이 있습니다. 우리와 달리 읽는 방법이 매우 다양하며 일부 한자는 약자를 사용하므로 주의해야 합니다. 우리말과 비교하자면 天을 '하늘'이라고도 읽고 '천'이라고도 읽는 셈입니다.

山 : 음독 さん 산 / 훈독 やま 야마　　**石** : 음독 せき 세키 / 훈독 いし 이시

일본어 표기법

❶ 마침표와 쉼표(句読点)

句点(くてん)

한 문장이 끝날 때 사용하는 마침표를 일본어에서는 句点(くてん)이라고 합니다. 우리는「 . 」를 사용하지만 일본어에서는「 。」를 사용합니다. 句点은 まる(동그라미)라고도 합니다.

読点(とうてん)

문장을 일단 중지하거나, 이어짐이 분명하지 않으면 완전히 다른 의미가 되어버리는 곳에 쓰입니다. 가로쓰기의 경우 우리와 마찬가지로 쉼표(,)를, 세로쓰기의 경우 (、)를 사용하지만 일본어 표기는 주로 세로쓰기이므로 가로쓰기나 세로쓰기에 상관없이「 、」로 표기하는 경우가 많습니다. 일본어는 띄어쓰기가 없기 때문에 読点(쉼표)를 많이 사용합니다.

❷ 물음표와 느낌표

?와 !는 서양에서 들어온 문장부호이므로 본래는 사용하지 않으나, 의문문을 나타내기 위해 필요한 경우나 감정을 표현하기 위해 이 부호들을 많이 사용합니다. 물음표(?) 없이도 의문문임을 충분히 알 수 있는 경우엔 물음표를 사용하지 않습니다.

❸ 띄어쓰기가 없다

일본어에서는 띄어쓰기를 하지 않는 것이 원칙입니다. 그러나 어린이를 위한 책이나 외국인을 위한 일본어 학습서에서는 이해를 돕기 위해 띄어쓰기를 하는 경우가 있습니다. 본래 한자문화권에서는 띄어쓰기를 하지 않습니다. 우리나라도 옛날(근대화 이전)에 나온 책을 보면 띄어쓰기가 없습니다.

외래어 표기법

❶ 외래어 [v]의 발음

일본의 영화제목이나 외국어 표기에는 가타카나 ウ에 탁점(ﾞ)이 붙은 ヴ가 종종 등장합니다. 교과서에도 없는 이 글사는 어떻게 발음해야 할까요? ヴ는 가타카나로 외래어를 표기할 때 V 발음을 나타내기 위해 사용합니다. ヴ에 작은 모음을 붙인 형태로 쓰며, [va] [vi] [vu] [ve] [vo]는 각각「ヴァ」「ヴィ」「ヴ」「ヴェ」「ヴォ」로 표기합니다.

Louis Vuitton (루이뷔통)　　　ルイ・ヴィトン 루이뷔똥

하지만 예전에는 ヴ를 사용한 표기가 존재하지 않아 [v]음을 バ행을 사용하여 표현했습니다. 다음의 단어들은 バ행을 사용하는 것이 일반적으로 굳어진 경우입니다.

	〈일반적인 표기〉	〈ヴ를 사용한 표기〉
Viking	バイキング 바이킹구	ヴァイキング 봐이킹구 (바이킹)
victory	ビクトリ 비쿠토리	ヴィクトリ 뷔쿠토리 (승리)
veil	ベール 베-루	ヴェール 붸-루 (베일)

❷ 외래어 [f]의 발음

외래어의 f 발음을 가급적 원음에 가깝게 표기하기 위해 가타카나 フ에 작은 모음을 붙인 형태로 사용합니다. 즉, [fa] [fi] [fu] [fe] [fo]는 각각「ファ」「フィ」「フ」「フェ」「フォ」로 표기합니다.

first	ファースト 화-스또 (첫번째)	
fit	フィット 휫또 (딱 맞는)	
ferry	フェリー 훼리- (연락선)	
form	フォーム 훠-무 (폼, 자세)	

❸ 외래어 [ti] [di]의 발음

외래어 [ti] [di]의 발음은 テ, デ에 작은 모음 ィ를 붙입니다. 즉, [ti] [di]는 각각「ティ」「ディ」로 표기합니다.

dinner	ディナー 디나- (만찬)	
milk tea	ミルクティー 미루쿠티- (밀크티)	

일본어 한자 읽기

❶ 오쿠리가나 (送り仮名)

한자와 가나(仮名)를 섞어 쓰는 경우에 한자의 뒤에 붙는 가나 부분을 오쿠리가나라고 합니다. 한자의 읽는 방법을 확정 짓기 위해 사용하며 한자로만 이루어진 단어에서는 사용하지 않습니다. 같은 한자라도 뒤에 달린 오쿠리가나에 따라 읽는 방법이 달라지므로 주의합시다.

新(あたら)しい 아타라시- (새롭다)　　始(はじ)める 하지메루 (시작하다)

■ 오쿠리가나에 따라 한자의 읽는 법이 달라지는 경우

来(く)る 쿠루 (오다)　　　　来(こ)ない 코나이 (오지 않다)

行(い)く 이쿠 (가다)　　　　行(おこな)う 오코나우 (행하다)

❷ 후리가나 (振り仮名)

일본어에서 한자를 읽는 방법은 상당히 까다롭습니다. 똑같은 한자 이름이라도 다르게 읽는 경우도 많습니다. 그래서 한자의 위에 작게 가나를 달아 놓은 것을 후리가나라고 합니다. 가로쓰기인 경우 일반적으로 글자 위에, 세로쓰기인 경우 글자의 오른쪽에 주로 씁니다. 어려운 한자나 어린이나 외국인을 위한 책에는 학습자의 이해를 돕기 위해 붙이지만, 일반적인 표기에는 붙이지 않으므로 평소에 한자 읽는 법을 공부해야 합니다. 루비(ルビ)라고도 부릅니다.

美女 비죠 (미녀)　　　姿 스가타 (모습)

林 하야시 (숲)　　　　使う 츠카우 (사용하다)

청음(清音)

청음(清音)은 성대를 울리지 않고 내는 맑은 소리입니다. 탁점(ﾞ)이나 반탁점(ﾟ)을 붙이지 않는 글자로 일본 문자의 기본인 50음도를 말합니다.

히라가나 50음도

단(段) 행(行)	あ단	い단	う단	え단	お단
あ행	あ a 아 安	い i 이 以	う u 우 宇	え e 에 衣	お o 오 於
か행	か ka 카 加	き ki 키 幾	く ku 쿠 久	け ke 케 計	こ ko 코 己
さ행	さ sa 사 左	し shi 시 之	す su 스 寸	せ se 세 世	そ so 소 曽
た행	た ta 타 太	ち chi 치 知	つ tsu 츠 川	て te 테 天	と to 토 止
な행	な na 나 奈	に ni 니 仁	ぬ nu 누 奴	ね ne 네 祢	の no 노 乃
は행	は ha 하 波	ひ hi 히 比	ふ fu 후 不	へ he 헤 部	ほ ho 호 保
ま행	ま ma 마 末	み mi 미 美	む mu 무 武	め me 메 女	も mo 모 毛
や행	や ya 야 也		ゆ yu 유 由		よ yo 요 与
ら행	ら ra 라 良	り ri 리 利	る ru 루 留	れ re 레 礼	ろ ro 로 呂
わ행	わ wa 와 和				を o 오 遠
	ん n,m,ng 응 无				

자판 입력시에는 wo를 사용함.

가타카나 50음도

가타카나는 외래어를 표기할 때 주로 쓰입니다. 둥글지 않고 각진 모양입니다. 강조할 때 사용하기도 합니다.

단(段) 행(行)	ア단	イ단	ウ단	エ단	オ단
ア행	ア a 아 阿	イ i 이 伊	ウ u 우 宇	エ e 에 江	オ o 오 於
カ행	カ ka 카 加	キ ki 키 幾	ク ku 쿠 久	ケ ke 케 介	コ ko 코 己
サ행	サ sa 사 散	シ si 시 之	ス su 스 須	セ se 세 世	ソ so 소 曽
タ행	タ ta 타 多	チ chi 치 千	ツ tsu 츠 川	テ te 테 天	ト to 토 止
ナ행	ナ na 나 奈	ニ ni 니 仁	ヌ nu 누 奴	ネ ne 네 祢	ノ no 노 乃
ハ행	ハ ha 하 八	ヒ hi 히 比	フ fu 후 不	ヘ he 헤 部	ホ ho 호 保
マ행	マ ma 마 末	ミ mi 미 三	ム mu 무 牟	メ me 메 女	モ mo 모 毛
ヤ행	ヤ ya 야 也		ユ yu 유 由		ヨ yo 요 與
ラ행	ラ ra 라 良	リ ri 리 利	ル ru 루 流	レ re 레 礼	ロ ro 로 呂
ワ행	ワ wa 와 和				ヲ o 오 乎
	ン n,m,ng 응 尓				

자판 입력시에는 wo를 사용함.

히라가나(ひらがな)

히라가나 글자의 유래 한자는 몰라도 아무 상관은 없으나 알아 두면 글자를 익히는데 도움이 될 수 있습니다. 게다가 그 한자를 배울 때 발음을 알게 되니 도움이 됩니다. 히라가나는 한자의 초서체에서 유래했습니다.

あ는 安(편안할 안) 아래쪽에 め(메)가 있음. め는 女(녀)에서 유래.

い는 以(써 이)의 간략형

う는 宇(집 우)의 간략형

え는 衣(옷 의) 한글 ㅊ과 비슷.

お는 於(어조사 어) わ(와)와 비슷.

か는 加(더할 가) 오른쪽 口(입 구)를 점으로 표현함.

き는 幾(몇 기) さ(사)와 모양이 비슷.

く는 久(오랠 구)의 간략형. 마름모의 왼 쪽 절반 모양.

け는 計(셀 계)의 간략형

こ는 己(몸 기)의 간략형

さ는 左(왼 좌) ち(치)와 대칭 모양.

し는 之(갈 지) 낚싯바늘 같은 모양.

す는 寸(마디 촌)의 간략형. 스프링처럼 구부림.

せ는 世(세상 세)의 간략형

そ는 曽(일찍 증)의 간략형

た는 太(클 태) な(나)와 모양이 비슷. 백조의 머리와 몸통 모양.

ち는 知(알 지) さ(사)와 대칭 모양.

つ는 川(내 천)의 간략형. 뱀장어 같은 모양

て는 天(하늘 천)의 간략형

と는 止(그칠 지)의 간략형

な는 奈(어찌 나) た(타)와 모양이 비슷.

に는 仁(어질 인)의 간략형

ぬ는 奴(종 노) め(메)와 모양이 비슷.

ね는 祢(아비사당 니) わ(와)와 비슷. 사용 빈도가 없는 한자라서 몰라도 됨.

の는 乃(이에 내)의 간략형. 만화의 한 쪽 눈 모양.

は는 波(물결 파) ほ(호)와 모양이 비슷.

ひ는 比(견줄 비)의 간략형. 주머니나 항아리 모양.

ふ는 不(아닐 불/부)의 간략형

へ는 部(떼 부)의 간략형. 언덕 모양.

ほ는 保(보전할 보) は(하)와 모양이 비슷.

ま는 末(끝 말) も(모)와 모양이 비슷.

み는 美(아름다울 미)의 간략형

む는 武(호반 무)의 간략형

め는 女(여자 녀) ぬ(누)와 모양이 비슷.

も는 毛(털 모) ま(마)와 모양이 비슷.

や는 也(어조사 야)의 간략형

ゆ는 由(말미암을 유)의 간략형

よ는 与(줄 여)의 간략형

ら는 良(어질 량)의 간략형

り는 利(이로운 리)이 간략형

る는 留(머무를 류) ろ(로)와 모양이 비슷.

れ는 礼(예도 례) わ(와)와 모양이 비슷.

ろ는 呂(성씨 려) る(루)와 모양이 비슷. 몰라도 되는 한자.

わ는 和(화할 화) れ(레)와 모양이 비슷.

を는 遠(멀 원) お(오)와 발음이 같지만 조사로만 사용됨. 드물게 인명에 사
　　용되기도 함.

ん는 无(없을 무) 無와 같은 한자.

가타카나(カタカナ)

가타카나는 외래어를 표기할 때 주로 쓰입니다. 둥글지 않고 각진 모양입니다. 강조할 때 사용하기도 합니다.

ア는 阿(언덕 아) 한자의 좌측 부분.

イ는 伊(저 이) 사람인 변 모양.

ウ는 宇(집 우) 위 갓머리 취함.

エ는 江(물 강) 우측 エ 취함. 江은 여성 이름에 많이 사용됨.

オ는 於(어조사 어) 좌측 方의 생략형.

カ는 加(더할 가) 力(힘 력)과 같은 모양.

キ는 幾(몇 기) き(키)가 더 간략화 됨.

ク는 久(오랠 구) 우측 획이 생략됨.

ケ는 介(낄 개) 한자가 간략화. ク(쿠)와 비슷.

コ는 己(몸 기) 한자 윗부분 취함. コ(유)와 비슷.

サ는 散(흩을 산) 한자 좌측 윗부분 취함.

シ는 之(갈 지) ツ(츠)와 모양이 비슷. 세 번째 획은 아래에서 위로.

ス는 須(모름지기 수) 한글 ス과 같은 모양.

セ는 世(세상 세) 히라가나 せ(세)와 유사함.

ソ는 曽(일찍 증) 두 번째 획은 위에서 아래로. ン(응)과 모양이 비슷.

タ는 多(많을 다) 한자 夕(저녁 석)과 같은 모양.

チ는 千(일천 천) 필기할 때 テ(테)가 되지 않도록 할 것.

ツ는 川(내 천) 세 번째 획은 위에서 아래로. シ(시)와 모양이 비슷.

テ는 天(하늘 천) 필기할 때 ラ가 되지 않도록 할 것.

ト는 止(그칠 지) 한글 ㅏ와 비슷함.

ナ는 奈(어찌 나) チ(치)의 윗부분이 없음.

ニ는 仁(어질 인) 한자 두 이(二)와 같은 모양.

ヌ는 奴(종 노) フ(후)와 모양이 비슷.

ネ는 祢(아비사당 니) 볼 시(示)를 따옴.

ノ는 乃(이에 내) メ(메)와 모양이 비슷.

ハ는 八(여덟 팔) 여덟을 はち(하치)라고 함.

ヒ는 比(견줄 비) 한자 匕는 비수 비.

フ는 不(아닐 부) ヌ(누)와 모양이 비슷.

ヘ는 部(떼 부) 히라가나 へ(헤)와 같은 모양.

ホ는 保(보전할 보) 木(나무 목)과 거의 같은 모양.

マ는 万(일만 만) ム(무)와 모양이 비슷.

ミ는 三(석 삼) 3개를 みっつ(밋츠)라고 한다.

ム는 牟(탐할 모) マ(마)와 모양이 비슷.

メ는 女(여자 녀) ノ(노)와 모양이 비슷.

モ는 毛(털 모) も(모)와 모양이 비슷.

ヤ는 也(어조사 야) や(야)의 중간 획이 없음.

ユ는 由(말미암을 유) コ(코)와 다른 점은 아래쪽 획이 길다는 것.

ヨ는 與(줄 여) コ(코)와 모양이 비슷.

ラ는 良(어질 량) フ(후)와 모양이 비슷.

リ는 利(이로울 리) 히라가나 り(리)와 거의 같음.

ル는 流(흐를 류) 가타카나 ノ와 レ를 합한 모양.

レ는 礼(예도 례) 아래에서 꺾는 부분을 주의. 자칫하면 히라가나 し처럼 보임.

ロ는 呂(성씨 려) 입 구(口)와 같은 모양.

ワ는 和(화할 화) フ(후)와 모양이 비슷.

ヲ는 乎(부를 호) 사용 빈도가 거의 없는 글자. 조사로 쓰이므로 히라가나
　を가 사용된다.

ン은 尒(너 이) ソ(소)와 모양이 비슷

① ②③ **あ** 아[a]	あ	あ	あ	あ
①② **い** 이[i]	い	い	い	い
①② **う** 우[u]	う	う	う	う
①② **え** 에[e]	え	え	え	え
②③ ① **お** 오[o]	お	お	お	お

あさ
아사
아침

いぬ
이누
개

うた
우타
노래

えんぴつ
엠피쯔
연필

おかね
오카네
돈

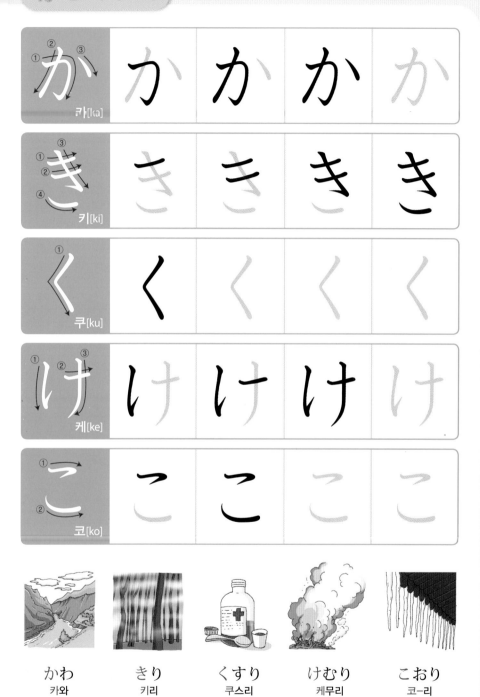

② ① ③ か ① 카[ka]	か	か	か	か
① ③ ② き ④ 키[ki]	き	き	き	き
① く 쿠[ku]	く	く	く	く
① ② ③ け 케[ke]	け	け	け	け
① こ ② 코[ko]	こ	こ	こ	こ

かわ	きり	くすり	けむり	こおり
카와	키리	쿠스리	케무리	코-리
강	안개	약	연기	얼음

さ 사[sa]	さ	さ	さ
し 시[shi]	し	し	し
す 스[su]	す	す	す
せ 세[se]	せ	せ	せ
そ 소[so]	そ	そ	そ

さかな	しま	すうじ	せかい	そつぎょう
사카나	시마	스-지	세카이	소쯔교-
생선	섬	숫자	세계	졸업

た 다[ta]	た	た	た	た
ち 치[chi]	ち	ち	ち	ち
つ 츠[tsu]	つ	つ	つ	つ
て 테[te]	て	て	て	て
と 투[to]	と	と	と	と

たに	ちきゅう	つばめ	てら	とら
타니	치큐-	츠바메	테라	토라
계곡, 골짜기	지구	제비	절	호랑이

	な	な	な	な
나[na]				
니[ni]	に	に	に	に
누[nu]	ぬ	ぬ	ぬ	ぬ
네[ne]	ね	ね	ね	ね
노[no]	の	の	の	の

なみ	にじ	ぬる	ねぎ	のこぎり
나미	니지	누루	네기	노코기리
파도	무지개	바르다	파	톱

① ② ③ は 하[ha]	は	は	は	は
① ひ 히[hi]	ひ	ひ	ひ	ひ
① ② ③ ④ ふ 후[fu]	ふ	ふ	ふ	ふ
① へ 헤[he]	へ	へ	へ	へ
① ② ③ ④ ほ 후[ho]	ほ	ほ	ほ	ほ

はやし
하야시
수풀

ひまわり
히마와리
해바라기

ふく
후쿠
옷

へび
헤비
뱀

ほとけ
호토케
부처님

① ③ ② **ま** 마[ma]	ま	ま	ま	ま
① ② **み** 미[mi]	み	み	み	み
① ② ③ **む** 무[mu]	む	む	む	む
① ② **め** 메[me]	め	め	め	め
② ① ③ **も** 모[mo]	も	も	も	も

まつ
마츠
소나무

みずうみ
미즈우미
호수

むし
무시
벌레

めんせつ
멘세츠
면접

もも
모모
복숭아

야[ya]	や	や	や	や
유[yu]	ゆ	ゆ	ゆ	ゆ
요[yo]	よ	よ	よ	よ

やきゅう
야큐-
야구

ゆび
유비
손가락

よむ
요무
읽다

	ら	ら	ら	ら
라[ra]				
	り	り	り	り
리[ri]				
	る	る	る	る
루[ru]				
	れ	れ	れ	れ
레[re]				
	ろ	ろ	ろ	ろ
로[ro]				

らくだ
라꾸다
낙타

りくち
리쿠찌
육지

おこる
오코루
화내다

れいぞうこ
레-조-코
냉장고

ろうじん
로-징
노인

わ 와[vvu]	わ	わ	わ	わ
를 오[o]	を	を	を	を
ん 응[n, m, ng]	ん	ん	ん	ん

わに
와니
악어

ほしを みる
호시오미루
별을 보다

よん
용
넷, 4

ア 아[a]	ア	ア	ア	ア
イ 이[i]	イ	イ	イ	イ
ウ 우[u]	ウ	ウ	ウ	ウ
エ 에[e]	エ	エ	エ	エ
オ 오[o]	オ	オ	オ	オ

アイスクリーム
아이스쿠리-무
아이스크림

イギリス
이기리스
영국

ウエーター
우에-타-
웨이터

エンジン
엔진
엔진

オートバイ
오-토바이
오토바이

力행 따라쓰기

カ 키[ka]	カ	カ	カ	カ
キ 키[ki]	キ	キ	キ	キ
ク 쿠[ku]	ク	ク	ク	ク
ケ 케[ke]	ケ	ケ	ケ	ケ
コ 쿠[ko]	コ	コ	コ	コ

カップル
킵푸루
커플

キャラメル
캬라메루
캐러멜

クリスマス
쿠리스마스
크리스마스, 성탄절

ケータイ
케-타이
휴대폰

コイン
코인
동전(coin)

サ 사[sa]	サ	サ	サ	サ
シ 시[shi]	シ	シ	シ	シ
ス 스[su]	ス	ス	ス	ス
セ 세[se]	セ	セ	セ	セ
ソ 소[so]	ソ	ソ	ソ	ソ

サッカー
삭카-
축구

シネマ
시네마
영화

スーパー
스-파-
슈퍼마켓

セーター
세-타-
스웨터

ソファー
소화
소파

タ 타[ta]	タ	タ	タ
チ 치[chi]	チ	チ	チ
ツ 츠[tsu]	ツ	ツ	ツ
テ 테[te]	テ	テ	テ
ト 투[to]	ト	ト	ト

タイム
타이무
시간

チョコレート
초코레ー토
초콜릿

ツアー
츠아ー
투어(tour), 여행

テレビ
테레비
TV

トイレ
토이레
화장실(toilet)

ナ
나[na]

ニ
니[ni]

ヌ
누[nu]

ネ
네[ne]

ノ
노[no]

ナンバー
남바-
넘버, 번호

ニット
닛토
니트웨어, 편물

カヌー
카누-
카누

ネット
넷또
네트, 그물

ノート
노-토
노트

ハ 하[ha]

ヒ 히[hi]

フ 후[fu]

ヘ 헤[he]

ホ 호[ho]

ハイヒール
하이히-루
하이힐

ヒーター
히-타-
히터, 난로

フロント
후론또
프런트(front)

ヘルメット
헤루멧또
헬멧

ホームページ
호-무페-지
홈페이지

マ 마[ma]	マ	マ	マ	マ
ミ 미[mi]	ミ	ミ	ミ	ミ
ム 무[mu]	ム	ム	ム	ム
メ 메[me]	ノ	メ	メ	メ
モ 모[mo]	モ	モ	モ	モ

マスク
마스쿠
마스크(mask)

ミキサー
미키사ー
믹서(mixer)

ムービー
무ー비ー
영화(movie)

メロン
메롱
멜론

モデル
모데루
모델

ヤ 야[ya]	ヤ	ヤ	ヤ	ヤ
ユ 유[yu]	ユ	ユ	ユ	ユ
ヨ 요[yo]	ヨ	ヨ	ヨ	ヨ

ヤング
양구
젊은, 영(young)

ユニホーム
유니호-무
유니폼

ヨット
욧또
요트

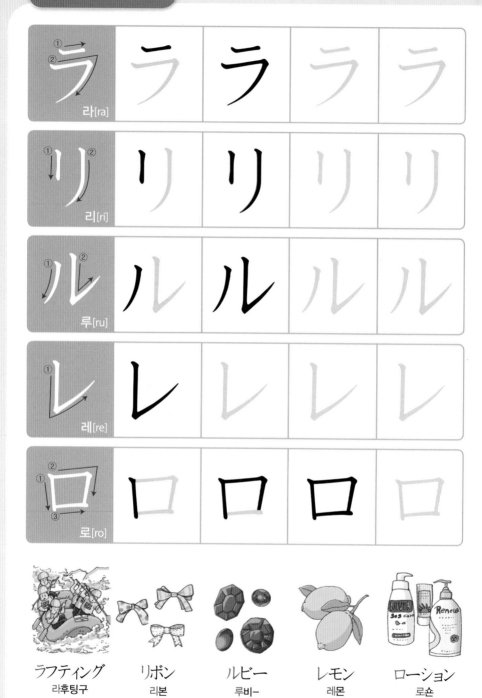

① ② ラ 라[ra]	ラ	ラ	ラ	ラ
① ② リ 리[ri]	リ	リ	リ	リ
① ② ル 루[ru]	ル	ル	ル	ル
レ 레[re]	レ	レ	レ	レ
② ① ロ ③ 로[ro]	ロ	ロ	ロ	ロ

ラフティング
라후팅구
래프팅

リボン
리본
리본

ルビー
루비-
루비

レモン
레몬
레몬

ローション
로숀
로션

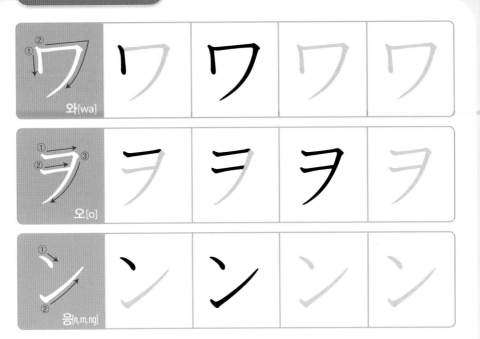

와[wa]	ワ	ワ	ワ	ワ
오[o]	ヲ	ヲ	ヲ	ヲ
응[n, m, ng]	ン	ン	ン	ン

ワイン
와인
와인

가타카나의 ヲ는
거의 쓰지 않는다

パン
팡
빵

탁음(濁音) · 반탁음(半濁音)

성대를 울려서 내는 유성음이라 청음에 비해 탁한 느낌입니다. 히라가나와 카타카나의 か(カ)행 · さ(サ)행 · た(タ)행 · は(ハ)행에 탁점(゛)이 붙으면 탁음이 되며, は(ハ)행에 반탁점(゜)이 붙으면 반탁음이 됩니다. 반탁음의 경우 단어의 첫머리에 올 때는 [ㅍ], 단어 중간에 올 때는 [ㅃ]에 가깝게 발음합니다.

행(行)＼단(段)	あ단	い단	う단	え단	お단
が행	が ga 가	ぎ gi 기	ぐ gu 구	げ ge 게	ご go 고
ざ행	ざ za 자	じ ji 지	ず zu 즈	ぜ ze 제	ぞ zo 조
だ행	だ da 다	ぢ ji 지	づ zu 즈	で de 데	ど do 도
ば행	ば ba 바	び bi 비	ぶ bu 부	べ be 베	ぼ bo 보
ぱ행	ぱ pa 파	ぴ pi 피	ぷ pu 푸	ぺ pe 페	ぽ po 포

행(行)＼단(段)	ア단	イ단	ウ단	エ단	オ단
ガ행	ガ ga 가	ギ gi 기	グ gu 구	ゲ ge 게	ゴ go 고
ザ행	ザ za 자	ジ ji 지	ズ zu 즈	ゼ ze 제	ゾ zo 조
ダ행	ダ da 다	ヂ ji 지	ヅ zu 즈	デ de 데	ド do 도
バ행	バ ba 바	ビ bi 비	ブ bu 부	ベ be 베	ボ bo 보
パ행	パ pa 파	ピ pi 피	プ pu 푸	ペ pe 페	ポ po 포

が 가[ga]
ぎ 기[gi]
ぐ 구[gu]
げ 계[ge]
ご 고[go]

がき 개구쟁이　ぎゃく 거꾸로　ぐうぜん 우연　げんかん 현관　ごがつ 5월

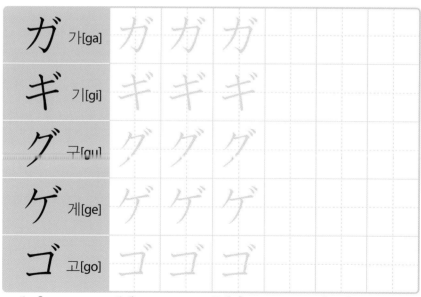

ガ 가[ga]
ギ 기[gi]
グ 구[gu]
ゲ 계[ge]
ゴ 고[go]

ガウン 가운(gown)　ギター 기타(guitar)　グラフ 그래프(gragh)　ゲーム 게임(game)
ゴリラ 고릴라(gorilla)

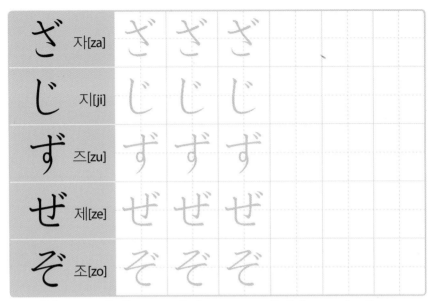

ざ	자[za]	ざ	ざ	ざ			
じ	지[ji]	じ	じ	じ			
ず	즈[zu]	ず	ず	ず			
ぜ	제[ze]	ぜ	ぜ	ぜ			
ぞ	조[zo]	ぞ	ぞ	ぞ			

ざる 소쿠리   じてん 사전   ずっと 계속, 훨씬   ぜんこく 전국   ぞうか 증가

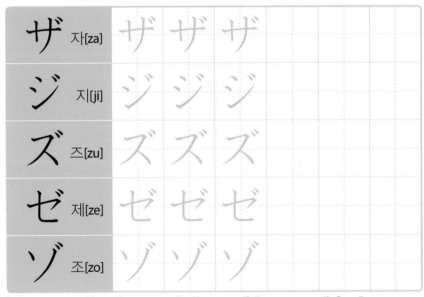

ザ	자[za]	ザ	ザ	ザ			
ジ	지[ji]	ジ	ジ	ジ			
ズ	즈[zu]	ズ	ズ	ズ			
ゼ	제[ze]	ゼ	ゼ	ゼ			
ゾ	조[zo]	ゾ	ゾ	ゾ			

ピザ 피자(pizza)   ジーパン 청바지   ズボン 바지   ゼロ 제로(zero)   リゾート 리조트(resort)

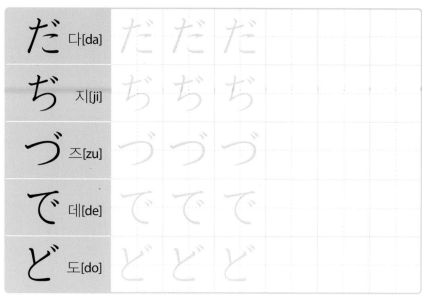

だ 다[da]
ぢ 지[ji]
づ 즈[zu]
で 데[de]
ど 도[do]

だんじょ 남녀   ちぢむ 줄어들다   つづく 계속되다   でいり 출입   どろ 진흙

ダ 다[da]
ヂ 지[ji]
ヅ 즈[zu]
デ 데[de]
ド 도[do]

ダウンロード 다운로드(download)   データ 데이터(data)   ドーム 돔(dome)
* 외래어 표기 시 ヂ ヅ는 같은 발음의 ジ ズ가 대신한다.

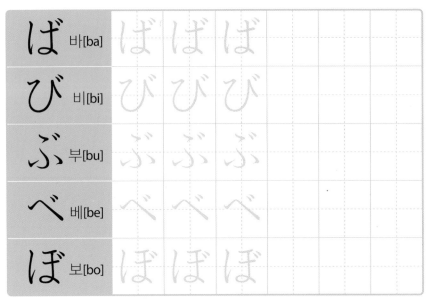

ば	바[ba]	ば	ば	ば				
び	비[bi]	び	び	び				
ぶ	부[bu]	ぶ	ぶ	ぶ				
べ	베[be]	べ	べ	べ				
ぼ	보[bo]	ぼ	ぼ	ぼ				

ばあい 경우　びじゅつ 미술　ぶなん 무난　べっそう 별장　ぼきん 모금

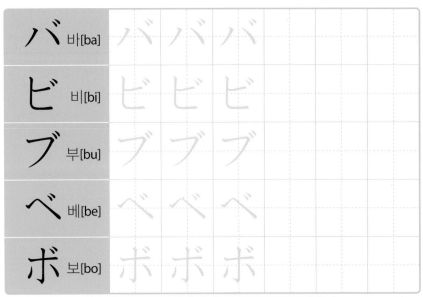

バ	바[ba]	バ	バ	バ				
ビ	비[bi]	ビ	ビ	ビ				
ブ	부[bu]	ブ	ブ	ブ				
ベ	베[be]	ベ	ベ	ベ				
ボ	보[bo]	ボ	ボ	ボ				

バス 버스(bus)　ビール 맥주(bier)　ブラウス 블라우스(blouse)　ベルト 벨트(belt)　ボーナス 보너스(bonus)

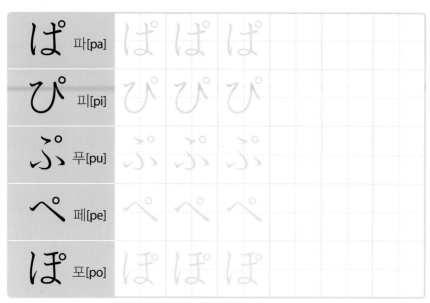

ぱ	파[pa]	ぱ ぱ ぱ		
ぴ	피[pi]	ぴ ぴ ぴ		
ぶ	푸[pu]	ぶ ぶ ぶ		
ぺ	페[pe]	ぺ ぺ ぺ		
ぽ	포[po]	ぽ ぽ ぽ		

りっ^{립 빠}ぱ 훌륭함 ぴっ^{핏 따리}たり 딱 맞음 き^{킵 뿌}っぷ 표 ぺこぺこ^{페꼬페꼬} 몹시 배고픔 さん^{삼 뽀}ぽ 산책

* 본래 일본어에선 ぱ, ぷ, ぽ로 시작하는 단어는 없음.

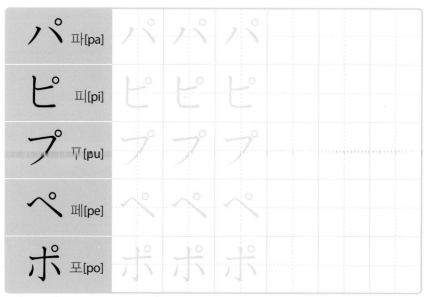

パ	파[pa]	パ パ パ		
ピ	피[pi]	ピ ピ ピ		
プ	ㅠ[pu]	プ プ プ		
ペ	페[pe]	ペ ペ ペ		
ポ	포[po]	ポ ポ ポ		

パートナー^{파 - 또나 -} 파트너(partner) ピーマン^{피 - 망} 피망(ㅍ piment) プロポーズ^{푸로포 - 즈} 프로포즈(propose)
ペット^{팻 또} 애완동물(pet) ポイント^{포 인 또} 포인트(point)

요음(拗音)

모음 い(イ)단의 글자 중 자음인 「きしちにひみりぎじびぴ(キシチニヒミリギジビ ピ)」 뒤에 반모음인 「ゃ ゅ ょ(ャ ユ ョ)」를 작게 씁니다. 형태는 두 글자이지만 한 글자처럼 한 박자로 발음됩니다.

きゃ행	きゃ キャ kya 캬	きゅ キュ kyu 큐	きょ キョ kyo 쿄
しゃ행	しゃ シャ sha 샤	しゅ シュ shu 슈	しょ ショ sho 쇼
ちゃ행	ちゃ チャ cha 챠	ちゅ チュ chu 츄	ちょ チョ cho 쵸
にゃ행	にゃ ニャ nya 냐	にゅ ニュ nyu 뉴	にょ ニョ nyo 뇨
ひゃ행	ひゃ ヒャ hya 햐	ひゅ ヒュ hyu 휴	ひょ ヒョ hyo 효
みゃ행	みゃ ミャ mya 먀	みゅ ミュ myu 뮤	みょ ミョ myo 묘
りゃ행	りゃ リャ rya 랴	りゅ リュ ryu 류	りょ リョ ryo 료
ぎゃ행	ぎゃ ギャ gya 갸	ぎゅ ギュ gyu 규	ぎょ ギョ gyo 교
じゃ행	じゃ ジャ ja 쟈	じゅ ジュ ju 쥬	じょ ジョ jo 죠
びゃ행	びゃ ビャ bya 뱌	びゅ ビュ byu 뷰	びょ ビョ byo 뵤
ぴゃ행	ぴゃ ピャ pya 퍄	ぴゅ ピュ pyu 퓨	ぴょ ピョ pyo 표

きゃ	キャ	きゅ	キュ	きょ	キョ
kya 캬		kyu 큐		kyo 쿄	
きゃ	キャ	きゅ	キュ	きょ	キョ

しゃ	シャ	しゅ	シュ	しょ	ショ
sha 샤		shu 슈		sho 쇼	
しゃ	シャ	しゅ	シュ	しょ	ショ

ちゃ	チャ	ちゅ	チュ	ちょ	チョ
cha 챠		chu 츄		cho 쵸	
ちゃ	チャ	ちゅ	チュ	ちょ	チョ

にゃ	ニャ	にゅ	ニュ	にょ	ニョ
nya 냐		nyu 뉴		nyo 뇨	
にゃ	ニャ	にゅ	ニュ	にょ	ニョ

ひゃ行	ひゃ ヒャ hya 햐	ひゅ ヒュ hyu 휴	ひょ ヒョ hyo 효
	ひゃ ヒャ	ひゅ ヒュ	ひょ ヒョ

みゃ行	みゃ ミャ mya 먀	みゅ ミュ myu 뮤	みょ ミョ myo 묘
	みゃ ミャ	みゅ ミュ	みょ ミョ

りゃ行	りゃ リャ rya 랴	りゅ リュ ryu 류	りょ リョ ryo 료
	りゃ リャ	りゅ リュ	りょ リョ

ぎゃ行	ぎゃ ギャ gya 갸	ぎゅ ギュ gyu 규	ぎょ ギョ gyo 교
	ぎゃ ギャ	ぎゅ ギュ	ぎょ ギョ

じゃ行	じゃ ジャ ja 쟈	じゅ ジュ ju 쥬	じょ ジョ jo 죠
	じゃ	ジャ	じゅ	ジュ	じょ	ジョ

びゃ行	びゃ ビャ bya 뱌	びゅ ビュ byu 뷰	びょ ビョ byo 뵤
	びゃ	ビャ	びゅ	ビュ	びょ	ビョ

ぴゃ行	ぴゃ ピャ pya 퍄	ぴゅ ピュ pyu 퓨	ぴょ ピョ pyo 표
	ぴゃ	ピャ	ぴゅ	ピュ	ぴょ	ピョ

발음(撥音)

이것은 우리가 보통 말하는 "영어 발음이 좋다" 할 때의 발음과는 다른 것입니다. 오십음도의 끝 글자인 ん(ン)은 다른 글자 뒤에 와서 우리말의 받침과 비슷한 역할을 합니다. 하지만 하나의 음절 길이를 가집니다.

ㅇ(ng) ん(ン) + か が행 : ㅇ받침으로 발음

かんこく 캉꼬꾸 한국 げんかん 겡깡 현관
サングラス 상구라스 선글라스

ㄴ(n) ん(ン) + さ ざ た だ な ら행 : ㄴ받침으로 발음

ばんざい 반자이 만세 もんだい 몬다이 문제 トンネル 톤네루 터널

ㅁ(m) ん(ン) + ま ば ぱ행 : ㅁ받침으로 발음

まんびき 맘비끼 도둑질 さんぽ 삼뽀 산책 ナンバー 남바- 넘버, 번호

콧소리 ん(ン) + は や わ행, ん(ン)으로 끝날 때 : ㅇ받침이 약하고 모호하게 들림

じゃんけん 쟝껜 가위바위보 ざぶとん 자부똥 방석
サボテン 사보텐 선인장

촉음(促音)

촉음은 つ(ツ)를 작은 크기로 っ(ッ)라고 표기합니다. 우리말의 받침 역할(ㄱ ㅅ ㅂ)을 하며, 하나의 독립된 음절로 발음합니다.

ㄱ받침(k) っ(ッ) + か행

みっか 믹까 사흘, 3일 いっこ 익꼬 한 개 ボックス 복꾸스 박스, 상자

ㅅ받침(s) っ(ッ) + さ행 た행

いっしょ 잇쇼 함께, 같이 きっと 킷또 반드시
メリット 메릿또 메리트, 장점

ㅂ받침(p) っ(ッ) + ぱ행

てっぱん 텝판 철판 カップル 캅뿌루 커플 とっぱ 톱빠 돌파

장음(長音)

한 단어에 같은 모음이 중복되는 경우 앞 글자를 길게 발음하는 것을 말합니다. 음의 길이에 따라 의미가 바뀌는 단어도 있습니다. 길게 발음되는 경우엔 한글로는 -로 표기합니다. 우리 말에는 없는 개념이라 열심히 읽기 연습을 하여 익혀야 합니다.

あ

あ단 + あ

おばあさん 오바-상 할머니   カーテン 카-텐 커튼

い

い단 + い

おいしい 오이시- 맛있다   チーム 치-무 팀

う

う단 + う

くうき 쿠-키 공기   ムード 무-도 무드

え

え단 + え

せえの 세-노 영차, 으랏차

え단 + い

へいわ 헤-와 평화   せんせい 센세- 선생

お

お단 + お

とおり 토-리 길, 통로   パスポート 파스뽀-또 패스포트

お단 + う

ぼうし 보-시 모자   ろうか 로-까 복도
おうえん 오-엔 응원   おじょうさん 오죠- 상 아가씨

가나 표기 연습

❀ 다음 일본어 단어를 소리나는 대로 적으세요.

1. ビタミン _____ **2.** アダルト _____

3. にんげん _____ **4.** きっさてん _____

5. きんかくじ _____ **6.** かんぱい _____

7. モニタリング _____ **8.** あさくさ _____

9. あきはばら _____ **10.** にっぽり _____

정답 1. 비타민(vitamin) 2. 아다루토(adult) 3. 닝겐(人間) 4. 킷사뗀(喫茶店) 5. 킹카꾸지(金閣寺)
6. 캄빠이(乾杯) 7. 모니타링구(monitoring) 8. 아사쿠사(浅草) 9. 아키하바라(秋葉原) 10. 닙뽀리(日暮里)

❀ 다음 한글을 가타카나로 표기해 보세요.

1. 서울 _____ **2.** 전주 _____

3. 신설동 _____ **4.** 도봉산 _____

5. 을왕리 _____ **6.** 이수정 _____

7. 손흥민 _____ **8.** 권오철 _____

9. 나형석 _____ **10.** 정태춘 _____

정답 1. ソウル 2. ジョンジュ 3. シンソルトン 4. トボンサン 5. ウルワンリ 6. イ・スジョン 7. ソン・フンミン 8. クォン・オチョル 9. ナ・ヒョンソク 10. ジョン・テチュン

🌸 이제 일본인 이름을 히라가나로 써봅시다.

1. 이시하라 사토미 ＿＿＿＿＿＿＿　**2.** 시노자키 아이 ＿＿＿＿＿＿＿

3. 히로세 스즈 ＿＿＿＿＿＿＿　**4.** 타카하타 미츠키 ＿＿＿＿＿＿＿

5. 키리타니 미레이 ＿＿＿＿＿＿＿　**6.** 아라가키 유이 ＿＿＿＿＿＿＿

7. 니노미야 카즈나리 ＿＿＿＿＿＿＿　**8.** 아리요시 히로이키 ＿＿＿＿＿＿＿

9. 사이토- 타쿠미 ＿＿＿＿＿＿＿　**10.** 오카다 마사키 ＿＿＿＿＿＿＿

정답 1. いしはら さとみ 2. しのざき あい 3. ひろせ すず 4. たかはた みつき 5. きりたに みれい 6. あらがき ゆい 7. にのみや かずなり 8. ありよし ひろいき 9. さいとう たくみ 10. おかだ まさき

🌸 끝으로 외래어를 가타카나로 적어봅시다. 뒤 괄호 안에 적힌 한글을 참고할 것.

1. 치즈버거(cheeseburger 치-즈바-가) ＿＿＿＿＿＿＿＿＿＿

2. 바닐라크림(vanilla cream 바니라쿠리-무) ＿＿＿＿＿＿＿＿＿＿

3. 카푸치노(cappuccino 카푸치-노) ＿＿＿＿＿＿＿＿＿＿

4. 카페모카(Cafe Mocha 카훼모카) ＿＿＿＿＿＿＿＿＿＿

5. 돈가스(톤카츠) ＿＿＿＿＿＿＿＿＿＿

6. 샌드위치(sandwich 산도잇치) ＿＿＿＿＿＿＿＿＿＿

7. 캐러멜(caramel 캬라메루) ＿＿＿＿＿＿＿＿＿＿

8. 토마토주스(tomato juice 토마토쥬-스) ＿＿＿＿＿＿＿＿＿＿

9. 페이스북(Facebook 훼이스북쿠) ＿＿＿＿＿＿＿＿＿＿

10. 카카오톡(Kakao talk 카카오토-크) ＿＿＿＿＿＿＿＿＿＿

정답 1. チーズバーガー 2. バニラクリーム 3. カプチーノ 4. カフェモカ 5. トンカツ 6. サンドイッチ 7. キャラメル 8. トマトジュース 9. フェイスブック 10. カカオトーク

日常生活(にちじょうせいかつ)
니치죠-세-카츠 **일상생활**

睡眠(すいみん)
수면

テレビを
見(み)る
TV를 보다

運動(うんどう) 운동

朝(あさ)ごはん
아침식사

仕事(しごと)
일

집	**うち**	우찌
회사	**会社(かいしゃ)**	카이샤
운동센터	**ジム**	지무
집	**うち**	우찌

うちで 우찌데 **집에서**

目覚(めざ)める / 起(お)きる
메자메루　　　오끼루
깨어나다　　　일어나다

**歯(は)を
磨(みが)く**
하오 미가꾸
이를 닦다

**顔(かお)を
洗(あら)う**
카오오 아라우
얼굴을 씻다

ひげを 剃(そ)る
히게오 소루
면도하다

**髪(かみ)を
洗(あら)う**
카미오 아라우
머리를 감다

**化粧(けしょう)
をする**
케쇼-오 스루
화장을 하다

**服(ふく)を
着(き)る**
후꾸오 키루
옷을 입다

**朝(あさ)ごはんを
食(た)べる**
아사고항오 타베루
아침을 먹다

スプーン 스푸-은 숟가락

箸(はし) 하시 젓가락

茶碗(ちゃわん) 챠왕 밥그릇

カップ 캅뿌 컵

出勤(しゅっきん) 슉킨　출근

交通手段(こうつうしゅだん) 코-츠-슈단 교통편

列車(れっしゃ)
렛샤
열차

電車(でんしゃ)
덴샤
전철

車(くるま)
쿠루마
자동차

バス
바스
버스

自転車
(じてんしゃ)
지뗀샤
자전거

バイク
(=オートバイ)
바이꾸(오-또바이)
오토바이

スクーター
스꾸-따-
스쿠터

飛行機
(ひこうき)
히꼬-끼
비행기

運転(うんてん)する
운뗀스루
운전하다

バッテリー 밧떼리- 배터리

エンジン 엔징 엔진

シートベルト 시-또베루또 안전벨트

ガソリン 가소링 휘발유

ガソリンスタンド 가소린스딴도 주유소

駐車場(ちゅうしゃじょう) 츄-샤죠- 주차장

会社(かいしゃ)で 카이샤데 **회사에서**

上司
(じょうし)
죠-시
상사

同僚
(どうりょう)
도-료-
동료

部下(ぶか)
부까
부하

働(はたら)く
하타라쿠
일하다

会議(かいぎ)
카이기
회의

出張
(しゅっちょう)
슛쪼-
출장

会食
(かいしょく)
카이쇼쿠
회식

退社
(たいしゃ)
타이샤
퇴근(우리말의 퇴사와는 다른 의미)

事務室(じむしつ)
지무시쯔
사무실

月給(げっきゅう)겍뀨- 월급

バイト(독 albeit) 바이또 아르바이트

履歴書(りれきしょ) 리레끼쇼 이력서

名刺(めいし) 메-시 명함

コピー機(copyき) 코피-끼 복사기

ファックス(fax) 확꾸스 팩스

ジムで 지무데 **헬스장에서**

シットアップ
싯또압뿌 (sit-up)
윗몸일으키기

ジム
지무(gym)
헬스장

ランニングマシン
란닝구마신
러닝머신

トレーナー
토레-나-(trainer)
코치

ヨガ
요가(yoga)
요가

ピラティス
피라티스(pilates)
필라테스

スポーツ
스포-츠
스포츠

サッカー 삭까- 축구

野球(やきゅう) 야큐- 야구

バスケットボール 바스켓또보-루 농구

水泳(すいえい) 스이에- 수영

テニス 테니스 테니스

ボーリング 보-링구 볼링

ゴルフ 고루후 골프

帰宅(きたく) 키타쿠 **귀가**

**掃除(そうじ)
する**

소-지 스루

청소하다

**洗濯(せんたく)
する**

센따쿠 스루

빨래하다

**料理(りょうり)
する**

료-리 스루

요리하다

**皿(さら)を
洗(あら)う**

사라오 아라우

설거지하다

**テレビを
見(み)る**

테레비오 미루

TV를 보다

**読書(どくしょ)
する**

도쿠쇼스루

독서하다

**音楽(おんがく)を
聞(き)く**

옹가꾸오 키꾸

음악을 듣다

寝(ね)る

네루

자다

**シャワーを
浴(あ)びる**

샤와-오 아비루

샤워하다

風呂場(ふろば) 후로바 **욕실**

タオル 타오루 **수건**

鏡(かがみ) 카가미 **거울**

歯(は)ブラシ 하부라시 **칫솔**

歯磨(はみが)き粉(こ) 하미가끼꼬 **치약**

シャンプー 샴뿌- **샴푸**

石鹸(せっけん) 섹껭 **비누**

数字(すうじ) 수-지 **숫자**

□ 0 **零(れい)/ゼロ**
레-/제로 영

□ 1 **一(いち)/ひとつ**
이찌/히토츠 하나

□ 2 **二(に)/ふたつ**
니/후타츠 둘

□ 3 **三(さん)/みっつ**
상/밋츠 셋

□ 4 **四(し, よん)/よっつ**
시/용/욧츠 넷

□ 5 **五(ご)/いつつ**
고/이츠츠 다섯

□ 6 **六(ろく)/むっつ**
로꾸/뭇츠 여섯

□ 7 **七(しち, なな)/ななつ**
시찌/나나/나나츠 일곱

□ 8 **八(はち)/やっつ**
하찌/얏츠 여덟

□ 9 **九(きゅう, く)/ここのつ**
큐-/쿠/코코노츠 아홉

□ 10 **十(じゅう)/とお**
쥬-/토- 열

時間(じかん) 지칸 **시간**

1時(いちじ)
이치지 한 시

2時(にじ)
니지 두 시

3時(さんじ)
산지 세 시

4時(よじ)
요지 네 시

5時(ごじ)
고지 다섯 시

6時(ろくじ)
로쿠지 여섯 시

7時(しちじ)
시치지 일곱 시

8時(はちじ)
하치지 여덟 시

9時(くじ)
쿠지 아홉 시

10時(じゅうじ)
쥬-지 열 시

11時(じゅういちじ)
쥬-이치지 열한 시

12時(じゅうにじ)
쥬-니지 열두 시

□ **時**(じ) 지 ----▶ □ **分**(ふん) 훈 ----▶ □ **秒**(びょう) 뵤-
시　　　　　　　분　　　　　　　초

季節(きせつ) 키세츠 **계절**

□ **春(はる)** 하루
봄

□ **夏(なつ)** 나쯔
여름

□ **冬(ふゆ)** 후유
겨울

□ **秋(あき)** 아끼
가을

月名(げつめい) 게츠메- **월명**

1月(いちがつ)
이치가츠 1월

2月(にがつ)
니가츠 2월

3月(さんがつ)
상가츠 3월

4月(しがつ)
시가츠 4월

5月(ごがつ)
고가츠 5월

6月(ろくがつ)
로꾸가츠 6월

7月(しちがつ)
시치가츠 7월

8月(はちがつ)
하찌가츠 8월

9月(くがつ)
쿠가츠 9월

10月(じゅうがつ)
쥬-가츠 10월

11月(じゅういちがつ)
쥬-이치가츠 11월

12月(じゅうにがつ)
쥬-니가츠 12월

曜日(ようび) 요-비 **요일**

□ **月曜日**(げつようび) 게츠요-비　월요일

□ **火曜日**(かようび) 카요-비　화요일

□ **水曜日**(すいようび) 스이요-비　수요일

□ **木曜日**(もくようび) 모쿠요-비　목요일

□ **金曜日**(きんようび) 킨요-비　금요일

□ **土曜日**(どようび) 도요-비　토요일

□ **日曜日**(にちようび) 니치요-비　일요일

□ **何曜日**(なんようび) 난요-비　무슨 요일

趣味(しゅみ) 슈미　취미

読書
(どくしょ)
도쿠쇼
독서

**天体観測(てん
たいかんそく)**
텐타이칸소꾸
천체 관측

**模型(もけい)
づくり**
모께-즈꾸리
모형제작

折(お)り紙
(がみ)
오리가미
종이접기

陶芸
(とうげい)
토-게-
도예

編(あ)み物
(もの)
아미모노
뜨개질

**写真撮影(しゃ
しんさつえい)**
샤싱사츠에-
사진 촬영

料理
(りょうり)
료-리
요리

絵描(えか)き
에카끼
그림 그리기

書道(しょどう)
쇼도-
서예

囲碁(いご)
이고
바둑

チェス(chess)
체스
서양 장기

色(いろ) 이로 색

黒(くろ)
쿠로
검정

白(しろ)
시로
흰색

灰(はい)
하이
회색

黄(き)
키
노랑

ピンク
핑꾸
분홍색

赤(あか)
아까
빨강

緑(みどり)
미도리
초록

紫(むらさき)
무라사끼
보라

茶(ちゃ)
챠
갈색

オレンジ
오렌지
주황

アイボリー
아이보리-
상아색

青(あお)
아오
파랑

紺(こん)
콩
남색

銀(ぎん)
깅
은색

ベージュ
베-주
베이지색

part 2

완전초보
일본어 첫걸음

Day 1

わたしは ロボットです
나는 로봇입니다 (자기 소개하기)

 기본 표현

A : **わたしは アトムです。**
와타시와 아토무데스
나는 아톰입니다.

B : **あなたは ロボットですか。**
아나타와 로봇또데스까
당신은 로봇입니까?

A : **はい、そうです。**
하이 소-데스
예, 그렇습니다.

あなたも ロボットですか。
아나타모 로봇또데스까
당신도 로봇입니까?

🔦 **새로 나온 단어**

私(わたし) 나, 저	はい 예(정중한 대답)
は 은, 는(주격조사)	そう 그렇게
です ~입니다	も 도(역시)
あなた 당신, 그대	いいえ 아니오
ロボット 로봇(robot)	では ありません ~가(이) 아닙니다
か 질문에 쓰는 종조사	人間(にんげん) 사람, 인간

B : いいえ、ロボットでは ありません。
わたしは 人間です。
<ruby>人間<rt>にんげん</rt></ruby>

이-에 로봇또데와 아리마셍. 와타시와 닝겐데스

아니오, 로봇이 아닙니다. 저는 인간입니다.

일어 감각 키우는 문장 뜯어보기

わたしは アトムです

여기에서 は는 '와'라고 읽는다. '~는 ~입니다'라는 가장 기본적인 문장이다.

ロボットですか

문장 끝에 의문을 나타내는 조사 か를 붙이면 의문 표현이 된다. 우리말과 달리 일본어는 의문문에 물음표를 붙이지 않는 것이 원칙이다. 하지만 조사 か 이외의 말로 의문문이 되면 편의상 물음표를 붙인다.

はい、そうです

はい는 정중한 긍정 대답이다. 친한 사이에서는 ええ(네)라고 한다. 반말로는 우리말처럼 응(うん)이라고 한다. 하지만 다른 사람이 자신의 이름을 부를 때에는 꼭 はい라고 대답해야 한다.

いいえ、ロボットでは ありません

いいえ는 정중한 부정 대답이고, '~이 아닙니다'라고 말하려면 ~では ありません을 쓰면 된다.

わたしは 人間です

웹에서 닝겐이라는 말이 일반화되고 있는데, 우리말로 '저 인간은 ~'식

으로 나쁜 의미로도 사용되지만 にんげん은 그렇지 않다. 그냥 사람이란
의미.

GO! 실전 표현

A : あなたは だれですか。 아나타와 다레데스까
당신은 누구입니까?

B : わたしは スティーブ・ジョブズです。
와타시와 스티-브 죠부즈데스
나는 스티브 잡스입니다.

アメリカ人です。 아메리카진데스
미국인입니다.

A : わたしは イー・スジョンです。韓国人です。
와타시와 이-수종데스. 캉코꾸진데스
저는 이수정입니다. 한국인입니다.

あなたも 韓国人ですか。
아나타모 캉코꾸진데스까
당신도 한국인입니까?

C : いいえ、韓国人では ありません。
이-에 캉코꾸징데와 아리마셍
아니오, 한국인이 아닙니다.

わたしは ももたろうです。日本人です。
<ruby>日本人<rt>にほんじん</rt></ruby>

와타시와 모모타로-데스. 니혼징데스

나는 모모타로입니다. 일본인입니다.

あなたは だれですか

だれ는 한자로 誰라고 쓴다. 반말로 누구냐고 물어 볼 때는 だれ?라고 해도 통한다.

スティーブ · ジョブズです。

외래어를 표기할 때 한글표기에선 장음이 없으므로 장음부호(ー)를 빠뜨리기 쉽다. 하지만 장음부호는 하나의 글자로 인식해야 하며, 빠뜨리면 전혀 다른 의미(ビール 맥주, ビル 빌딩)가 되고 만다.

あなたも 韓国人ですか

어순이 우리말과 동일하므로 단어만 알면 이해할 수 있는 단순 문장이다. も는 '~도'라는 뜻으로 명사에 붙어 같은 종류의 것이 있음을 나타내는 조사이다. 강조의 의미를 나타낼 때도 있다.

　ワンさんは 中国人(ちゅうごくじん)です。왕 씨는 중국인입니다.

새로 나온 단어

だれ　누구	韓国人(かんこくじん)　한국인
スティーブ ジョブズ(Steve Jobs) 스티브 잡스	桃太郎(ももたろう)　모모타로, 일본 전래동화의 주인공
アメリカ人(じん)　미국인	日本人(にほんじん)　일본인

林(はやし)さんも 中国人(ちゅうごくじん)ですか。
하야시 씨도 중국인입니까?

韓国人ではありません

이것을 韓国人じゃありません。이라고 하면 회화체가 된다.

여러 나라 이름 国(くに)の名前(なまえ)		
한국	韓国(かんこく)	캉꼬꾸
일본	日本(にほん / にっぽん)	니홍 / 닙뽄 (두 가지로 읽음)
	일본은 정식으론 日本国(にほんこく)라고 한다. 일본 지폐에도 日本国라고 적혀 있다.	
중국	中国(ちゅうごく)	츄-고꾸
북한	北朝鮮(きたちょうせん)	키타쵸-센
미국	アメリカ 아메리까, 米国(べいこく)	베-코꾸
캐나다	カナダ	카나다
프랑스	フランス	후란스
영국	イギリス 이기리스, 英国(えいこく)	에-코꾸
독일	ドイツ	도이쯔
이탈리아	イタリア	이따리아
러시아	ロシア	로시아
호주	オーストラリア	오-스또라리아
인도	インド	인도

1 빈칸에 알맞은 일본어를 넣으세요.

1. わたしは ＿＿＿＿＿＿＿＿＿ 나는 아톰입니다.

2. はい、＿＿＿＿＿＿＿＿＿ 예, 그렇습니다.

2 다음 문장을 해석하세요.

1. あなたも ロボットですか。＿＿＿＿＿＿＿＿＿

2. ロボットでは ありません。＿＿＿＿＿＿＿＿＿

3. わたしは 人間です。＿＿＿＿＿＿＿＿＿

3 다음 문장을 일본어로 만드세요.

1. 당신은 누구입니까? ＿＿＿＿＿＿＿＿＿

2. 미국인입니다. ＿＿＿＿＿＿＿＿＿

3. 나는 한국인이 아닙니다. ＿＿＿＿＿＿＿＿＿

1 アトムです。/ そうです。 **2** 당신도 로봇입니까? / 로봇이 아닙니다. / 저는 인간입니다. **3** あなたは だれですか。/ アメリカ人です。/ わたしは 韓国人 では ありません。

これは 何ですか。

이것은 무엇입니까? (지시대명사 こそあど)

 기본 표현

これは 何^{なん}ですか。

코레와 난데스까

이것은 무엇입니까?

それは ケータイです。

소레와 케-타이데스

그것은 휴대폰입니다.

あれは 何^{なん}ですか。

아레와 난데스까

저것은 무엇입니까?

あれは 私^{わたし}の 本^{ほん}です。

아레와 와타시노 혼데스

저것은 내 책입니다.

あなたの ケータイは どれですか。

아나타노 케-타이와 도레데스까

당신의 휴대폰은 어느 것입니까?

これです。 코레데스

이것입니다.

지시대명사 표현

지시대명사는 화자와 상대방의 위치에 따라 결정된다. これ는 자기에게
가까운 것을 말하고 あれ는 둘 다에게 멀리 있는 것을 말하는데, そ
れ는 그 중간쯤에 있는 것을 가리킨다. 그런데 우리말과 다른 점은 あ
れ가 그것이라고 해석될 때도 있다. 모르는 대상(부정칭)에는 どれ라고
묻는다.

이것	그것	저것	어느 것
これ	それ	あれ	どれ

これは 何(なん)ですか

これ로 물으면 それ, それ로 물으면 これ, あれ로 물으면 あれ로 대답
하는 것이 자연스럽다. 이는 말하는 사람과 상대방과의 위치 차이 때문
이다.

새로 나온 단어

これ	이것	ケータイ	휴대폰
あれ	저것	何(なん/なに)	무엇
それ	그것	本(ほん)	책
どれ	어느 것		

알기 쉬운 문법

何(なん・なに) 무엇

何은 なん 또는 なに 두 가지로 읽을 수 있다.

1. なん – 뒤에 T, D, N 발음이 올 때 / 수를 물을 때

何でもいい 뭐든 괜찮아.　　　　何の日(ひ) 무슨 날

何と言(い)えば 뭐라고 하면　　何人(にん) 몇 명

2. なに – なん 그외의 경우

何もない 아무것도 없다

何があるの? 뭐가 있어?

何か食(た)べる? 뭔가 먹을래?

何を言(い)ってるの? 무슨 말 하는 거야?

それはケータイです

휴대전화는 ケータイ라고 한다. 원래는 한자로 携帯電話(けいたいでんわ)라고 하는 것을 줄여서 携帯(けいたい)라고 하는데, 일상적으로 쓸 때는 카타카나로 ケータイ 또는 ケイタイ라고 쓰는 경우가 많다. 카타카나가 더 간략해 보이기 때문이다.

私の本です

の라는 조사에는 3가지 의미가 있다.

① ~의 : 소유격을 나타내는 조사

あなたの夢(ゆめ) 당신의 꿈

② 명사 + の + 명사 : 일본어에서는 고유명사나 복합어 이외의 명사와 명사를 연결할 때는 반드시 の를 넣어야 한다. 이때 の는 해석하지 않는 것이 자연스럽다.

韓国(かんこく)の歴史(れきし) 한국 역사

③ ~의 것 : 소유대명사로서 소유, 소속을 나타냄

これは だれのですか。 이것은 누구 것입니까?

A : これは だれの ものですか。

코레와 다레노 모노데스까

이것은 누구 것입니까?

B : それは ぼくのです。 소레와 보꾸노데스

그건 내 것입니다.

A : わたしの かばんは どれですか。

와타시노 카방와 도레데스까

내 가방은 어느 것입니까?

B : あれです。 아레데스

저것입니다.

A : この スマホは あなたのですか。

코노 스마호와 아나타노데스까

이 스마트폰은 당신 것입니까?

B : いいえ、そうじゃ ありません。

이-에 소-쟈 아리마셍

아니오, 그렇지 않습니다.

わたしのは あれです。 와타시노와 아레데스
내 것은 저것입니다.

A: あの人は だれですか。 아노 히토와 다레데스까
저 사람은 누구입니까?

B: あの方は 私の 友人の 大谷 裕子さんです。
아노 카따와 와타시노 유-진노 오-타니 유-코상데스
저 분은 내 친구 오타니 유코씨입니다.

それは ぼくのです

대명사에 の를 붙이면 '~의 것, ~것'이라는 뜻이다.

わたしの かばんは どれですか

우리가 흔히 쓰는 가방이란 말이 일본어임을 모르는 분이 많다. 알아두면 단어 하나 거저 외운 것이다.

새로 나온 단어

もの 물건, 것, 물질, 일	スマホ 스마트폰
ぼく 나, 남자의 자칭	友人(ゆうじん) 친구, 벗
かばん 가방	

この スマホは あなたのですか

この는 これ의 변형으로 연체사(체언에 연결되는 말, 체언은 명사나 대명사)라고 한다.

〈この＋명사〉는 앞에서 배운 これ로 바꿔 쓸 수 있다.

この＋はな (이 꽃)　→　これ (이것)

その＋はな (그 꽃)　→　それ (그것)

あの＋はな (저 꽃)　→　あれ (저것)

どの＋はな (어느 꽃)　→　どれ (어느 것)

いいえ、そうじゃ ありません

そうじゃ ないです。 또는 ちがいます。라고 해도 같은 뜻이다.

あの方は…

あの方(かた)는 '저 분'으로 あの人(ひと)보다 높임말이다. 속어로 '저놈'은 あの奴(やつ)라고 한다.

1 다음 문장을 해석하세요.

1. これは 何ですか。 _____

2. それは ケータイです。 _____

3. あれは 私の 本です。 _____

2 다음 빈칸을 채우세요.

1. あなたの ケータイは_____
   당신의 휴대폰은 어느 것입니까?

2. それは_____ 그건 내 것입니다.

3. いいえ、_____ ありません。 아니오, 그렇지 않습니다.

3 다음 문장을 일본어로 만드세요.

1. 내 것은 저것입니다. _____

2. 저 사람은 누구입니까? _____

1 이것은 무엇입니까? / 그것은 휴대폰입니다. / 저것은 내 책입니다.
2 どれですか。/ ぼくのです。/ そうじゃ
3 わたしのは あれです。/ あの人は だれですか。

あそこは お手洗いです。
저기는 화장실입니다. (위치 말하기 こそあど)

기본 표현

ここは 何^{なん}ですか。　코꼬와 난데스까
여기는 무엇입니까?

ここは 和室^{わしつ}です。　코꼬와 와시츠데스
여기는 일본식 방입니다.

そこは 何^{なん}ですか。　소꼬와 난데스까
거기는 무엇입니까?

ここは お風呂^{ふろ}です。　코꼬와 오후로데스
여기는 욕실입니다.

あそこは 何^{なん}ですか。　아소꼬와 난데스까
저기는 무엇입니까?

あそこは お手洗^{てあら}いです。
아소꼬와 오테아라이데스
저기는 화장실입니다.

새로 나온 단어

ここ 여기	和室(わしつ) 일본식 방, 다다미 방
そこ 거기	お風呂(ふろ) 욕실, 목욕
あそこ 저기	お手洗(てあら)い 화장실
どこ 어디	

장소 대명사 ここ · そこ · あそこ · どこ

여기(이곳)	거기(그곳)	저기(저곳)	어디(어느 곳)
ここ	そこ	あそこ	どこ

방향 대명사 こちら · そちら · あちら · どちら

이쪽	그쪽	저쪽	어느 쪽
こちら こっち	そちら そっち	あちら あっち	どちら どっち

방향 대명사는 장소 대명사를 정중하게 말할 때도 쓴다. 일상 회화에서는 こっち · そっち · あっち · どっち로 사용한다.

● 우리말로는 신체 중 아주 부끄러운 곳을 '거기'라고 돌려서 말하는데, 일본어로는 あそこ라고 부른다.

ここは おふろです

욕실은 浴室(よくしつ)라고 할 수도 있지만 딱딱한 표현이라 가정에선 お風呂(ふろ)라고 부른다.

あそこは お手洗いです

화장실은 お手洗い라고 하는데, トイレ(toilet)라고도 한다.

空港は どちらですか。 쿠-꼬-와 도찌라데스까
공항은 어느 쪽입니까?

あちらです。 아찌라데스
저쪽입니다.

どちらが あなたの 彼氏ですか。
도찌라가 아나따노 카레시데스까
어느 분이 당신의 남친입니까?

あの人です。 아노 히또데스
저 사람입니다.

こっちが 東ですか。 콧찌가 히가시데스까
이쪽이 동쪽입니까?

いいえ、ちがいます。 이-에 치가이마스
아니오, 틀립니다.

そっちは 南です。 솟찌와 미나미데스
그쪽은 남쪽입니다.

あなたは どこの 人ですか。
아나타와 도꼬노 히또데스까
당신은 어디 사람입니까?

わたしは 東京(とうきょう)の 人(ひと)です。
와타시와 토-쿄-노 히또데스
나는 도쿄 사람입니다.

この しゃしんの 人(ひと)は どなたですか。
코노 샤신노 히또와 도나타데스까
이 사진 인물은 누구십니까?

ぼくの 友(とも)だちの 国井(くにい)さんです。
보쿠노 토모다찌노 쿠니이산데스
내 친구인 쿠니이 씨입니다.

あの人(ひと)です

좀 더 정중하게 말하려면 あの方(かた)です라고 한다.

새로 나온 단어

空港(くうこう) 공항	ちがいます 아닙니다, 틀립니다
どちら 어느 쪽	南(みなみ) 남쪽
あちら 저쪽	東京(とうきょう) 도쿄, 일본의 수도
彼氏(かれし) 남자 친구	写真(しゃしん) 사진
人(ひと) 사람	どなた 어느 분
東(ひがし) 동쪽	

こっち

정식 표현인 こちら(이쪽)는 원래 방향을 가리키는 말이지만, 사람을 가리킬 때는 정중한 표현으로 '이쪽 분'이라는 뜻이 된다.

ぼくの 友だちの 国井さんです

앞에 나온 の는 소유격이고 뒤에 나온 の는 동격을 뜻한다.

● 호칭 ~さん과 우리말의 '~씨'는 용법이 다릅니다. 우리말 '씨'는 성에 붙여 '이씨', '박씨'라고 부르면 상대를 낮춰 부르는 느낌이 들지요? 하지만 일본어의 '성 + さん'에는 전혀 그런 뉘앙스가 없으니 안심하고 말해도 됩니다. 한국인의 성(姓)은 약 300개 정도지만 일본엔 10만 가지 이상이나 되므로 같은 성을 가진 사람이 적은 편입니다. 그래서 보통 성만 불러도 통합니다. 보통은 木村(きむら)さん과 같이 '성 + さん'으로 부르며, 좀 더 친한 사이에서는 '이름 + さん'으로 부릅니다. 자기 이름엔 붙이면 안 됩니다.

家族(かぞく) 가족 호칭

자기 가족은 겸손하게 일컫고 남의 가족은 높여 부른다.

	자기 가족을 남에게 말할 때	남의 가족을 부를 때
할아버지	祖父(そふ) 소후	お祖父(じい)さん 오지-상
할머니	祖母(そぼ) 소보	お祖母(ばあ)さん 오바-상
아버지	父(ちち) 치찌	お父(とう)さん 오또-상
어머니	母(はは) 하하	お母(かあ)さん 오까-상

형 (오빠)	兄(あに) 아니	お兄(にい)さん 오니-상
누나 (언니)	姉(あね) 아네	お姉(ねえ)さん 오네-상
남동생	弟(おとうと) 오또-또	弟(おとうと)さん 오또-또상
여동생	妹(いもうと) 이모-또	妹(いもうと)さん 이모-또상
아들	息子(むすこ) 무스꼬	息子(むすこ)さん 무스꼬상
딸	娘(むすめ) 무스메	娘(むすめ)さん 무스메상
남편	主人(しゅじん) 슈진, 夫(おっと) 옷또	ご主人(しゅじん) 고슈진
아내	妻(つま) 츠마, 家内(かない) 카나이	奥(おく)さん 옥상
아저씨 (삼촌, 큰아버지)	おじ 오지	おじさん 오지상
아주머니 (이모, 고모)	おば 오바	おばさん 오바상

1 다음 문장을 해석하세요.

1. あそこは おてあらいです. _____
2. どちらが あなたの 彼氏ですか.

_____

3. そっちは みなみです. _____
4. この しゃしんの 人は どなたですか.

_____

2 다음 빈칸을 채우세요.

1. 空港は _____

   공항은 어느 쪽입니까?

2. あなたは _____ 人ですか.

   당신은 어디 사람입니까?

3. ぼくの _____ 国井さんです.

   제 친구인 쿠니이 씨입니다.

3 다음 문장을 일본어로 만드세요.

1. 지기는 무잇입니끼? _____
2. 이쪽이 동쪽입니까? _____
3. 나는 도쿄 사람입니다. _____

---

1 저기는 화장실입니다. / 어느 분이 당신의 남친입니까? / 그쪽은 남쪽입니다. / 이 사진 인물은 누구십니까? **2** どちらですか. / どこの / 友だちの **3** あそこは 何ですか. / こっちが ひがしですか. / わたしは 東京の 人です.

Day 4

お元気ですか。
잘 지내세요? (기본 인사)

 기본 표현

はじめまして。 하지메마시떼

처음 뵙겠습니다.

会えて うれしいです。 아에테 우레시-데스

만나서 반갑습니다.

どうぞ よろしく おねがいします。

도-조 요로시꾸 오네가이시마스

아무쪼록 잘 부탁합니다.

女： お元気ですか。 오겡끼데스까

　　　잘 지내세요?

男： 元気です。 あなたは いかがですか。

　　　겡끼데스. 아나타와 이까가데스까

　　　잘 지냅니다. 당신은 어떠십니까?

🔦 새로 나온 단어

はじめ　처음, 시작	おねがい　부탁, 요청
うれしい　즐겁다, 기쁘다	します　～합니다
どうぞ　부디, 아무쪼록	元気(げんき)　건강, 안녕함
よろしく　부디, 잘	いかが　어떻게(정중체)

女 : **まあまあです。** 마-마-데스

그저 그렇습니다.

はじめまして

처음 만났을 때 건네는 인사. 인사 뒤에 私はキム・ユミです(저는 김유미입니다.)라고 이름을 소개하게 된다. 한국인 이름은 대개 세 글자라서 성과 이름 구분이 쉽지만 일본인 입장에서 한국인 이름은 성과 이름 구분이 어려우므로 가운뎃 점을 찍는다.

会えて うれしいです

만나서 반갑다는 예의상 인사도 필요합니다. 会えては 정확히 말하면 '만날 수 있어서'라는 뜻인데 お会いできて라고 해도 된다.

どうぞ よろしく おねがいします

どうぞ는 영어의 please 같은 표현으로 '부디, 제발' よろしく おねがいします。는 앞으로 잘 부탁한다는 말인데 초면이 아닌 그냥 어떤 부탁을 할 때도 가능한 인사이다. 대답은 こちらこそ、よろしく おねがいします。(저야말로 잘 부탁드립니다.)라고 한다.

お元気ですか

'잘 지내십니까?', '건강은 어떠십니까?' 정도의 의미가 된다. 친한 사이라면 元気? 또는 どうしてる?(어떻게 지내냐?)라고 해도 된다.

元気です

자기 얘기를 할 때는 お를 빼고 元気です。라고 한다. お는 존경이나 말

자체를 부드럽게 표현하는 역할을 한다.

あなたは いかがですか

답례로 상대의 안부를 묻는 상당히 정중한 표현이다. '어떠세요?'를 평상체로 하면 どうですか。라고 한다. あなた는 당신이라고 해석하는데 우리말에서 당신이란 말을 대화에서 그다지 쓰지 않는 것처럼 일본어에서도 사용에 주의를 요하는 말이다. 성에다 さん(씨, 님)을 붙이는 것이 무난하다. キムさんは いかがですか。

まあまあです。

건강이나 사업에서 딱히 달라진 게 없으면 '그저 그렇다'라고 대답한다. 잘 나간다고 할 경우는 好調(こうちょう)です。라고 한다.

 GO! 실전 표현

お先に 失礼します。　오사끼니 시츠레-시마스
_{さき　　　しつれい}
먼저 실례하겠습니다.

お疲れ様。　오츠까레사마
_{つか　さま}
수고하셨습니다.

そろそろ 失礼します。　소로소로 시츠레-시마스
_{しつれい}
이제 슬슬 가보겠습니다.

はい、気を つけてね。　하이, 키오 츠께떼네
_き
네, 조심해서 가요.

はーい、またね！ 하-이 마따네
예, 또 봐요!

ごめんなさい。 고멘나사이
미안합니다.

だいじょうぶ
大丈夫です。 다이죠-부데스
괜찮습니다.

いろいろ せ わ
色々 お世話に なりました。
이로이로 오세와니 나리마시따

여러모로 신세를 졌습니다.

いいえ、どういたしまして。 이-에 도-이따시마시떼
아니에요, 천만에요.

お先に 失礼します。

직장에서 먼저 퇴근할 때 하는 인사. 失礼します는 여러 상황에서 미안
하다고 양해를 구하는 표현이다.

새로 나온 단어

お先(さき) 먼저, 앞길
失礼(しつれい) 실례, 작별
お疲(つか)れ様(さま) 수고하셨습니다
気(き)をつける 주의하다, 조심하다

また 다시, 또
色々(いろいろ) 여러 가지. **々**는
앞글자의 반복 의미
世話(せわ) 신세, 보살핌

お疲れ様

수고했다고 건네는 인사인데, 일하고 있는 사람에게 말해도 된다. 그러니까 '수고 많으십니다'라고 해석할 수 있다.

そろそろ…

우리말 '슬슬'과 유사하여 한국어가 건너간 말이라는 설이 있다.

気をつけてね

気をつけて는 '앞으로 조심하라'고 주의를 주는 표현이 될 수도 있다. 여기서는 자상하게, 조심해서 집에 가라는 인사말이다.

ごめんなさい

작은 잘못을 용서해 달라는 뉘앙스가 있다. 친구 사이엔 ごめん!이라고 말한다. 좀 장난스럽게 말할 때는 두 손을 합장하고 めんご라고 거꾸로 말한다.

大丈夫です

우리말로 읽으면 대장부다. 사내 대장부는 요즘은 별로 들을 수 없는 말인데, 일어에선 같은 한자도 두 가지로 읽는 경우가 많다. だいじょうふ라고 읽으면 '대장부'라는 뜻인데 일상적으로 쓰는 말은 아니다. 여기에서처럼 だいじょうぶ라고 하면 '괜찮다'로서 회화에서 아주 많이 쓰는 말이다. 아주 편리한 말이니 꼭 기억할 것.

お世話になりました

신세를 졌다고 미안해 하는 동시에 상대가 해준 것에 대해 고마워하는 표현이다.

どういたしまして

상대가 감사 인사를 하거나 사과하는 경우 '천만에요, 별말씀을요'라고 하는 인사말. 기본 인사이므로 그냥 외워둬야 한다.

1 다음 문장을 해석해 보세요.

1. どうぞ よろしく おねがいします。

   _____

2. 会えて うれしいです。

   _____

3. お疲れ様。

   _____

4. はじめまして。

   _____

2 다음 문장을 일본어로 바꾸세요.

1. 잘 지내세요? _____

2. 당신은 어떠십니까? _____

3. 이제 슬슬 가보겠습니다. _____

4. 여러모로 신세를 졌습니다. _____

---

1 부디 잘 부탁드립니다. / 만나서 반갑습니다. / 수고하셨습니다. / 처음 뵙겠습니다.
2 お元気ですか。 / あなたはいかがですか。 / そろそろ失礼します。 / 色々お
世話になりました。

日本は どこに ありますか。
일본은 어디에 있습니까?
존재를 표현하기(あります, います)

 기본 표현

ケータイは どこに ありますか。
케-타이와 도꼬니 아리마스까

휴대폰은 어디 있습니까?

テーブルの 上^{うえ}に あります。
테-부루노 우에니 아리마스

테이블 위에 있습니다.

そこに パソコンも あります。
소꼬니 파소콤모 아리마스

거기에 PC도 있습니다.

部屋^{へ や}に だれが いますか。
헤야니 다레가 이마스까

방에 누가 있습니까?

ぼくの 彼女^{かのじょ}が います。
보꾸노 카노죠가 이마스

내 여친이 있습니다.

庭^{にわ}に 犬^{いぬ}は いません。
니와니 이누와 이마셍

마당에 개는 없습니다.

일본어에는 우리말과 같이 조사가 있어서 편리하긴 하지만 우리말과 똑같이 적용되지는 않는다. 장소를 나타낼 때 '~에'라는 조사를 쓰는데 보통 に가 이에 해당한다.

どこに ありますか

이것은 장소를 묻는 말로, 짧게 どこですか。라고 해도 같은 뜻이다.

空港(くうこう)は どこですか。 공항은 어디입니까?

リモコンは どこに ありますか。 리모콘은 어디에 있습니까?

あります와 います의 구별

일본어에는 우리말의 '있습니다'에 해당하는 말로 あります와 います가 있다. 그 대상이 무엇인지에 따라 다음과 같이 나뉜다.

あります: 식물, 무생물 등 스스로 움직일 수 없는 존재

います: 사람, 동물 등 스스로 움직일 수 있는 존재

위치를 가리키는 말

위	아래	앞	뒤	옆
上(うえ)	下(した)	前(まえ)	後(うし)ろ	横(よこ)
왼쪽	오른쪽	안, 중간	밖	옆, 이웃
左(ひだり)	右(みぎ)	中(なか)	外(そと)	隣(となり)

새로 나온 단어

テーブル　테이블(table)

上(うえ)　위, 위쪽

パソコン　컴퓨터(PC)

部屋(へや)　방

犬(いぬ)　개

あります　(무생물이) 있습니다

います　(사람, 동물이) 있습니다

いません　없습니다

よこ(横)와 となり(隣)의 차이

よこ와 となり는 한국어로 둘 다 '옆'을 나타낸다. よこ는 보통 가로 방향으로 옆이라는 뜻이고 となり는 앞뒤 방향을 포함하여 사람과 사람, 집과 집 등 같은 종류로 이웃이라고 번역된다. となり라고만 해도 となりの 家(いえ)(옆집)를 뜻한다.

だれが 누가・だれか 누군가・だれも 아무도

A : へやに **だれが** いますか。 방에 누가 있습니까?

B : おっとが います。 남편이 있습니다.

A : トイレに **だれか** いますか。 화장실에 누군가 있습니까?

B : はい、います。 예, 있습니다. /
いいえ、**だれも** いません。 아니오, 아무도 없습니다.

 **GO! 실전 표현**

あなたの 友(とも)だちは 外(そと)に いますか。
아나타노 토모다찌와 소또니 이마스까
당신 친구는 밖에 있습니까?

いいえ、いません。
이-에 이마센
아니오, 없습니다.

日本(にほん)は どこに ありますか。
니혼와 도꼬니 아리마스까
일본은 어디에 있습니까?

韓国の 右に あります。
かんこく　みぎ

캉꼬꾸노 미기니 아리마스

한국의 오른쪽에 있습니다.

カバンの 中には 何が ありますか。
なか　なに

카방노 나까니와 나니가 아리마스까

가방 속엔 뭐가 있습니까?

お金と 書類が あります。
かね　しょるい

오카네또 쇼루이가 아리마스

돈과 서류가 있습니다.

えだの 上に 鳥が います。
うえ　とり

에다노 우에니 토리가 이마스

가지 위에 새가 있습니다.

家の 前に 公園が あります。
いえ　まえ　こうえん

이에노 마에니 코-엥가 아리마스

집 앞에 공원이 있습니다

🎧 새로 나온 단어

外(そと)　밖, 바깥	枝(えだ)　나뭇가지
右(みぎ)　오른쪽	鳥(とり)　새, 조류
中(なか)　안, 내부	家(いえ)　집, 주택
お金(かね)　돈, 금전	前(まえ)　앞, 전면
書類(しょるい)　서류	公園(こうえん)　공원

右に あります

위치를 나타낼 때는 조사 に를 쓴다. 동사에 ます를 붙이면 정중한 표현
이 되는데 이를 부정하려면 ません이 된다. あります는 ありません、いま
す는 いません으로 부정 표현이 된다.

カバンの 中には…

조사가 두 개 함께 올 수도 있다. 우리말처럼 '~에는'이라고 해석하면 된다.

お金と 書類が あります

~と는 '~와(과)'라는 뜻으로 함께 행동하는 상대방을 나타낼 때 사용한
다. 또한 대등한 관계에 있는 것을 열거하는 데 쓰는 조사이다.

　　ガールフレンドと 海(うみ)へ 行(い)きます。여자친구와 바다에 갑니다.
　　森(もり)と湖(みずうみ) 숲과 호수

うちと いえ의 차이

家는 うち와 いえ로 읽는데 둘 다 '집'이라는 뜻을 가지고 있지만 약간
의미 차이가 있다.

　　家(うち) : 가정, 우리 집, 자신이 사는 집
　　家(いえ) : 일반적인 집, 주택

평가 문제

1 다음 문장을 해석하세요.

1. テーブルの 上に あります。

   _____

2. あなたの 友だちは 外に いますか。

   _____

3. 家の 前に 公園が あります。

   _____

2 다음 빈칸을 채우세요.

1. _____ パソコンも あります。
   거기에 PC도 있습니다.

2. カバンの _____ ありますか。
   가방 속엔 뭐가 있습니까?

3. えだの _____ 鳥が _____
   가지 위에 새가 있습니다.

3 다음 문장을 일본어로 만드세요.

1. 마당에 개는 없습니다. _____
2. 일본은 한국의 오른쪽에 있습니다. _____
3. 방에 누가 있습니까? _____

---

1 테이블 위에 있습니다. / 당신 친구는 밖에 있습니까? / 우리 집 앞에 공원이 있습니다.
2 そこに / 中には 何が / 上に, います **3** 庭に 犬は いません。/ 日本は 韓国
の 右に あります。/ 部屋に だれが いますか。

Day 6

この ドラマ、おもしろい？
이 드라마, 재미있어? (い형용사 표현하기)

 기본 표현

今日は いい 天気ですね。
코-와 이-뎅끼데스네

오늘은 좋은 날씨군요.

はい、暖かくて 気持ちいいです。
하이 아타따까꾸떼 키모찌이-데스

네, 따뜻해서 기분 좋습니다.

菜々美さんの 性格は どうですか。
나나미상노 세-카꾸와 도-데스까

나나미 씨의 성격은 어떻습니까?

とてもいい人です。 토테모 이-히또데스
아주 좋은 사람입니다.

この ドラマ、おもしろい？
코노 도라마 오모시로이

이 드라마, 재미있어?

いや、ださくて ぜんぜん おもしろくない。
이야 다사꾸떼 젠젠 오모시로꾸나이

아니, 후지고 전혀 재미없어.

いい天気ですね

끝에 오는 ね는 '〜군요, 〜지요, 〜네요'라는 뜻.

종조사(문장 끝에 붙는 조사) ね는 상대방의 말에 맞장구치며 동의하거나 동의를 구할 때, 가벼운 감동하는 기분을 나타낼 때 쓴다. 윗사람에게 쓰면 곤란한 표현이다.

　これですよね？　이거지요?

　今日(きょう)は寒(さむ)いですね。오늘은 춥네요.

どうですか

상대방의 마음을 묻는 말로 '어떻습니까? / 어때요?'라는 질문입니다. どうですか에서 どう？라고 하면 반말 표현이 된다. 정중하게 물어보려면 いかがですか라고 한다.

　デートするのはどう？　데이트하는 건 어때?

　ビールもう一杯(いっぱい)、いかがですか。맥주 한잔 더 어떠십니까?

このドラマ、おもしろい？

더 정중하게 표현하려면 ですか를 추가하면 된다.

⇨ おもしろいですか。

새로 나온 **단어**

today 今日(きょう)　오늘
いい　좋다, 양호한
天気(てんき)　날씨
暖(あたた)かい　따뜻하다
性格(せいかく)　성격

とても　무척, 대단히
おもしろい　재미있다
ださい　(속어) 후지다, 촌스럽다
ぜんぜん　전혀

い형용사의 여러 가지 활용

일본어의 형용사는 두 가지 형태가 있습니다. 명사 앞에 붙일 때 '~い + 명사' 형태가 되는 것을 い형용사, '~な + 명사'의 형태가 되는 것을 な 형용사라고 합니다. 그 중 い형용사의 활용에 대해 알아봅시다.

1. い형용사 + です

い형용사를 정중하게 표현하려면 기본형(~い)에 です를 붙이면 됩니다.

すずしい　＋　です　⇨　すずしいです

시원하다　　　　입니다　　　시원합니다

2. い형용사 + 명사

い형용사 뒤에 명사를 붙여 꾸며줄 때는 기본형을 쓰면 됩니다.

すずしい　＋　風(かぜ)　⇨　すずしい 風

시원하다　　　　바람　　　　시원한 바람

3. い형용사 + て (い형용사 나열하기)

い형용사를 여러 개 연결하려면 어미 い를 떼어 く로 바꾸고 て를 붙입니다. 여기서 て는 '~고'라는 의미로 앞뒤를 연결하는 역할을 하는데, て를 붙이기 위해 い가 く로 바뀌었다고 생각하면 됩니다.

い → く + て

すずしい＋きもちいい＋風 ⇨ すずしくて　きもちいい　風

시원하다　기분 좋다　바람　시원하고　기분 좋은　바람

4. い형용사 + ない (부정)

い형용사에 '~지 않다'는 뜻을 가진 ない를 붙여 부정형을 만드는데 이 때도 い형용사의 어미 い를 떼고 く로 바꾸어 ない를 붙입니다. 좀 더 공손한 표현으로 만들려면 です를 붙여 ないです라고 하면 됩니다. な

いですは 앞에서 배운 ありません으로 바꿔서 쓸 수도 있는데, ないで
す가 좀 더 일상회화에서 편하게 사용하는 말입니다.

い → く

さびしい + ない ⇨ さびしくない

외롭다 ～지 않다 　 외롭지 않다

さびしくないです = さびしくありません

외롭지 않습니다

 GO! 실전 표현

A : ハン・ソッキュさんは いい 男^{おとこ}ですか。

한 속 큐 상 와 이- 오토꼬데스까

한석규 씨는 좋은 남자입니까?

B : はい、かっこいいです。

하이 캇꼬이-데스

네, 멋있습니다.

A : 田中^{たなか}さんは やさしい 男^{おとこ}ですか。

타나까상와 야사시- 오토꼬데스까

타나카 씨는 착한 남자입니까?

B : いいえ、きもい 男^{おとこ}です。

이-에 키모이 오토꼬데스

아뇨, 불쾌한 남자입니다.

A : みなみは ぶりっ子だよね？

미나미와 부릭꼬다요네

미나미는 공주병이지?

B : うん、でも かわいいから いいよ。

응 데모 카와이-까라 이-요

응, 하지만 귀여우니까 괜찮아.

A : あなたの 彼女は どんな 人ですか。

아나타노 카노죠와 돈나 히또데스까

당신의 여친은 어떤 사람입니까?

B : 明るくて かわいい 女性です。

아까루꾸떼 카와이- 죠세-데스

밝고 귀여운 여성입니다.

A : その 時計、かっこいいですね。

소노 토께- 칵꼬이-데스네

그 시계는 멋지네요.

새로 나온 단어

男(おとこ) 사내, 남자

かっこいい 멋진, 보기 좋은

やさしい 착한, 부드러운

きもい (속어) 징그러운, 불쾌한

ぶりっ子(こ) (속어) 지나치게 귀여운

척하는 여자, 공주병

かわいい 귀엽다, 사랑스러운

明(あか)るい 밝다

高(たか)い 높은, 비싼

B : そうですか。でも、<ruby>高<rt>たか</rt></ruby>く ない ものです。

소-데스까 데모 타카꾸나이 모노데스

그렇습니까? 하지만 비싸지 않은 것입니다.

きもい 男です

きもい는 気持(きも)ちわるい(기분 나쁘다, 불쾌하다)에서 따온 말로 속어이므로 친근한 사이에서만 사용해야 한다.

みなみは ぶりっこだよね？

ぶりっこ는 可愛(かわい)いこ(귀여운 애) + ぶる(~척하다)에서 온 말. 젊은 층의 속어로서 의식적으로 귀여운 척하거나 내숭을 부리는 여자를 가리키는 말이다.

でも

이것은 それでも의 준말로 '그런데도, 하지만'이라는 접속사이다. 앞 문장과 상반되는 것을 말하는 역접 접속어이다.

　背(せ)が 低(ひく)いです。でも、お金持(かねも)ちです。

　키가 작습니다. 하지만 부자입니다.

용모를 칭찬할 때 주의점

일본어로 여성의 외모를 칭찬할 때, 美(うつく)しいですね(아름다우시네요)나 美人(びじん)ですね(미인이시네요)라는 표현은 그다지 쓰지 않습니다. 직설적인 표현은 비꼬는 말로 들릴 수도 있거든요. 대신 きれいですね(예쁘세요)를 많이 씁니다. 일본 여성은 나이에 상관없이 かわいいです(귀여우시네요)라는 말을 듣고 싶어합니다.

남성의 외모를 칭찬할 때도 ハンサムですね(잘생기셨네요) 보다는 格好(かっこう)いいですね(멋있으세요)라는 말을 좋아합니다. ハンサム라고 하면 얼굴만 잘생겼다는 느낌이지만 格好(かっこう)いい라고 하면 전체적인 스타일과 분위기도 멋지다는 느낌이 듭니다.

물론 직설적인 칭찬이 절대 안 된다는 말은 아니고, 경우에 따라선 잘 먹힐 수도 있습니다. 당연히 진심을 담아서 얘기해야겠죠. 조금 조심할 필요가 있다고 생각하시면 됩니다.

많이 사용되는 い형용사			
크다	大(おお)きい	작다	小(ちい)さい
많다	多(おお)い	적다	少(すく)ない
높다	高(たか)い	낮다	低(ひく)い
비싸다		싸다	安(やす)い
길다	長(なが)い	짧다	短(みじか)い
멀다	遠(とお)い	가깝다	近(ちか)い
넓다	広(ひろ)い	좁다	狭(せま)い
무겁다	重(おも)い	가볍다	軽(かる)い
강하다	強(つよ)い	약하다	弱(よわ)い
쉽다	易(やさ)しい	어렵다	難(むずか)しい
좋다	いい・良(よ)い	나쁘다	悪(わる)い
뜨겁다	熱(あつ)い	차갑다	冷(つめ)たい
새롭다	新(あたら)しい	오래되다	古(ふる)い
밝다	明(あか)るい	어둡다	暗(くら)い

평가 문제

1 다음 문장을 해석하세요.

1. 暖かくて 気持ちいいです。
   _____

2. ださくて ぜんぜん おもしろく ない。
   _____

3. あなたの 彼女は どんな 人ですか。
   _____

2 다음 빈칸을 채우세요.

1. _____ です。아주 좋은 사람입니다.

2. _____ かわいい 女性です。
   밝고 귀여운 여성입니다.

3. でも、_____ ものです。하지만 비싸지 않은 것입니다.

3 다음 문장을 일본어로 만드세요.

1. 오늘은 좋은 날씨군요. _____

2. 하지만 귀여우니까 괜찮아. _____

3. 나나비 씨의 싱격은 어넿습니까?
   _____

1 따뜻해서 기분 좋습니다. / 후지고 전혀 재미없어. / 당신의 여친은 어떤 사람입니까?
2 とてもいい人 / 明るくて / 高くない **3** 今日は いい 天気ですね。 / でも かわいいから いいよ。 / 菜々美さんの 性格は どうですか。

완전 초보 일본어 첫걸음 | 107

トゥワイスが 大好きです。

트와이스를 아주 좋아합니다.
な형용사 표현하기

 기본 표현

好きな 芸能人は 誰ですか。

스끼나 게-노-징와 다레데스까

좋아하는 연예인은 누구입니까?

トゥワイスが 大好きです。

투와이스가 다이스끼데스

트와이스를 아주 좋아합니다.

嫌いな 食べ物は ありますか。

키라이나 타베모노와 아리마스까

싫어하는 음식은 있습니까?

私は 辛い ものは にがてです。

와타시와 카라이 모노와 니가테데스

나는 매운 것은 꺼립니다.

ヨイドの 桜は きれいです。

요이도노 사꾸라와 키레-데스

여의도의 벚꽃은 예쁩니다.

上野には 有名な 公園が あります。

우에노니와 유-메-나 코-엥가 아리마스

우에노에는 유명한 공원이 있습니다.

新宿駅は 静かじゃ ありません。

しんじゅくえき　しず

신주쿠에끼와 시즈까쟈 아리마셴

신주쿠 역은 조용하지 않습니다.

好きな 芸能人は…

好き는 な형용사인데, だ를 붙이면 문장을 맺는 말(好きだ 좋아한다)이고, な를 붙이면 연체형으로 뒤에 체언(명사, 대명사)이 온다.

好きな 人 좋아하는 사람

トゥワイスが　大好きです

트와이스(Twice)는 トゥワイス 또는 トワイス라고 표기한다. 大好きです는 好きです를 더 강조한 말로 '사랑한다'라고 번역해도 된다.

…辛い ものは にがてです

辛은 '매울 신'이다. 잘 팔리는 모 라면에도 적혀 있다. 라면 봉지를 연상하여 외워두자.

새로 나온 단어

好(す)きだ　좋아하다	桜(さくら)　벚꽃
芸能人(げいのうじん)　연예인	きれいだ　예쁘다, 깨끗하다
大好(だいす)き　무척 좋아함	上野(うえの)　도쿄의 지역
嫌(きら)いだ　싫어하다	有名(ゆうめい)だ　유명하다
食(た)べ物(もの)　음식	公園(こうえん)　공원
辛(から)い　맵다	新宿駅(しんじゅくえき) 도쿄의 신주쿠역
にがてだ　질색이다, 꺼리다	静(しず)かだ　조용하다

ヨイドの桜は きれいです

일본어에는 '어'나 '여' 모음이 없어서 부득이 ヨ(요)라고 표기한다. 여의
도 벚꽃축제는 일본에도 다소 알려져 있다.

● 한자 뒤에 な를 붙여 말이 되면 な형용사임을 알 수 있다.

有名(ゆうめい)な 유명한, 便利(べんり)な 편리한, 重要(じゅうよう)な 중
요한, 健康(けんこう)な 건강한

많이 쓰이는 な형용사	
きれいだ 예쁘다, 깨끗하다	簡単(かんたん)だ 간단하다, 쉽다
親切(しんせつ)だ 친절하다	大切(たいせつ)だ 중요하다
静(しず)かだ 조용하다	大丈夫(だいじょうぶ)だ 괜찮다
有名(ゆうめい)だ 유명하다	変(へん)だ 이상하다
元気(げんき)だ 건강하다	便利(べんり)だ 편리하다
まじめだ 성실하다	暇(ひま)だ 한가하다

GO! 실전 표현

女： 石橋(いしばし)さんは どんな 性格(せいかく)ですか。

이시바시상와 돈나 세-카쿠데스까

이시바시 씨는 어떤 성격입니까?

男1: 彼は ちょっと なまいきだけど、面白い
男です。

카레와 춋또 나마이끼다께도 오모시로이 오토꼬데스

그는 좀 건방지지만 재미있는 남자입니다.

仕事には 真面目な 人です。

시고또니와 마지메나 히또데스

업무에는 성실한 사람입니다.

女: へえ、そうですか。

헤- 소-데스까

어머, 그렇습니까?

男2: 彼は 欠点も あるけど、能力が ある、
立派な 男ですよ。

카레와 켓뗀모 아루께도 노-료꾸가 아루 립빠나 오토꼬
데스요

그는 결점도 있지만 능력이 있는 훌륭한 남자예요.

女: はい、わかりました。 하이 와까리마시따

네, 알겠습니다.

🎤 **새로 나온 단어**

なまいきだ 건방지다	能力(のうりょく) 능력
仕事(しごと) 일, 업무	立派(りっぱ)だ 훌륭하다, 어엿하다
真面目(まじめ)だ 착실하다, 견실하다	わかる 알다, 이해하다
欠点(けってん) 결점	

彼は ちょっと なまいきだけど、

역접을 나타내는 접속사 けど는 けれど(も)의 줄임말이다.

~けど ～이지만

문장 끝에 오는 ～けど는 '～이지만, ～(이기는) 하지만'이라는 뜻의 접속조사입니다. けれども를 줄여 편하게 말할 때는 けれど나 けど라고 하는 것이지요. 앞에서 배운 ～が와 같은 의미이지만 ～が는 문서에 쓸 때나 격식을 갖춰 말할 때, ～けど는 일상 회화에서 많이 쓰는 표현입니다. 동사 · い형용사 · な형용사 기본형, 명사 + だ의 뒤에 연결합니다.

동사+けど	食^たべたけど 먹었지만
い형용사+けど	おいしいけど 맛있지만
な형용사+けど	静^{しず}かだけど 조용하지만
명사+だ+けど	本^{ほん}だけど 책이지만

小(ちい)さいけど、けっこう 高(たか)いです。작지만 꽤 비쌉니다.

へえ、そうですか

감탄사 へえ는 놀람, 의문, 감동을 나타낸다.

はい、わかりました

이 말은 우리말과 마찬가지로 '이해했습니다.' 또는 '분부대로 하겠습니다.'라는 의미를 갖는다.

사람의 외모나 성격을 나타내는 형용사

ハンサムだ	핸섬하다
おしゃれだ	(모양, 분위기가) 멋쟁이다, 세련되다
すてきだ	매우 멋지다, 근사하다
格好いい	멋지다
美しい	아름답다
きれいだ	예쁘다, 깨끗하다
かわいい	귀엽다
背が 高い	키가 크다
背が 低い	키가 작다
明るい	밝다, 명랑하다
まじめだ	성실하다, 진지하다
素直だ	솔직하다, 순진하다
親切だ	친절하다
優しい	상냥하다
静かだ	조용하다
頑固だ	완고하다, 고집이 세다
厳しい	엄격하다
わがままだ	제멋대로다

1 다음 문장을 해석하세요.

1. 好きな 芸能人は 誰ですか。

   _____

2. 嫌いな 食べ物は ありますか。

   _____

3. なまいきだけど、面白い 男です。

   _____

2 다음 빈칸을 채우세요.

1. 私は _____ ものは _____ です。

   나는 매운 것은 꺼립니다.

2. _____ 人です。

   업무에는 성실한 사람입니다.

3. _____ 、能力が ある

   결점도 있지만 능력이 있는

3 다음 문장을 일본어로 만드세요.

1. 트와이스를 아주 좋아합니다. _____

2. 네, 알겠습니다. _____

3. 훌륭한 남자예요. _____

1 좋아하는 연예인은 누구입니까? / 싫어하는 음식은 있습니까? / 건방지지만 재미있는 남자입니다. **2** 辛い, にがて / 仕事には 真面目な / 欠点も あるけど **3** トゥワイスが 大好きです。 / はい、わかりました。 / 立派な 男ですよ。

Day 8

姉は 合コンに 行きます。
언니는 미팅에 갑니다. (1그룹동사 활용)

 기본 표현

母は カレー料理を 作ります。
하하와 카레-료-리오 츠쿠리마스

엄마는 카레 요리를 만듭니다.

姉は 合コンに 行きます。
아네와 고-콘니 이키마스

언니는 미팅에 갑니다.

妹は ぜんぜん 働きません。
이모-또와 젠젠 하타라키마센

여동생은 전혀 일을 안 합니다.

兄は 毎日 メールを 書きます。
아니와 마이니찌 메-루오 카키마스

형은 매일 메일을 씁니다.

弟 は 今夜 家に 帰りません。
오토-또와 콘야 우찌니 카에리마센

남동생은 오늘밤 집에 돌아오지 않습니다.

ズボンは ネットでは 買いません。
즈봉와 넷또데와 카이마센

바지는 인터넷에서는 사지 않습니다.

母は カレー料理を 作ります

우리말의 '을, 를'에 해당하는 조사는 を이다.

동작의 목적을 나타내는 ~に(~하러)

명사 + に 行(い)く / 来(く)る (~하러 가다 / 오다)

レストランへ 食事(しょくじ)に 行(い)きます。

레스토랑에 식사하러 갑니다.

동사(ます형) + に 行く / 来る (~하러 가다 / 오다)

本(ほん)を 買(か)いに 来(き)ます。 책을 사러 옵니다.

자기 가족을 남에게 얘기할 때는 자기 부모라 해도 낮춰서 말한다. 언니, 오빠, 동생도 마찬가지다. 자기 엄마, 누나일 땐 母(はは), 姉(あね). 남의 어머니나 누나를 말할 때는 お母(かあ)さん, お姉(ねえ)さん으로 어휘가 길어진다.

새로 나온 단어

母(はは) 어머니

カレー料理(りょうり) 카레 요리

作(つく)る 만들다

姉(あね) 언니, 누나

合(ごう)コン (단체) 남녀 미팅

妹(いもうと) 여동생

働(はたら)く 일하다, 근무하다

兄(あに) 형, 오빠

メール 메일(mail), 편지

書(か)く 쓰다, 적다

弟(おとうと) 남동생

今夜(こんや) 오늘밤

家(うち) 우리 집

帰(かえ)る 돌아가다(오다)

ズボン 바지

ネット 인터넷

買(か)う 사다, 구입하다

弟は 今夜 家に 帰りません

일본어 동사는 미래형이 없고 현재형이 그것을 대신한다. 여기에선 今夜(こんや)라는 시간을 나타내는 부사를 보고 미래임을 알 수 있다.

1그룹 동사란?

일본어 동사의 어미 활용 변화에 따라 3가지 그룹으로 나눌 수 있는데 이 중 1그룹 동사는 あ단, い단, う단, え단, お단의 5개 단 모두 활용되므로 5단동사라고도 합니다. 활용 형태가 가장 복잡하지만 규칙에 따라 활용되는 그룹입니다.

① う·く·ぐ·す·つ·ぬ·ぶ·む로 끝나는 동사

会(あ)う 만나다   待(ま)つ 기다리다

行(い)く 가다   死(し)ぬ 죽다

泳(およ)ぐ 헤엄치다   遊(あそ)ぶ 놀다

話(はな)す 이야기하다   読(よ)む 읽다

② る로 끝나는 동사 중, る 앞의 모음이 あ단, う단, お단인 동사

ある 있다

作(つく)る 만들다

乗(の)る 타다

男 : 今日は 会社を 休むの?

코-와 카이샤오 야스무노

오늘은 회사를 쉬니?

女 : うん、体調が 悪いと 話すわ。

응 타이쪼-가 와루이또 하나스와

응, 몸이 안 좋다고 말할 거야.

男 : 一日、ズル休みだね。

이치니찌 즈루야스미다네

하루 꾀병으로 쉬는 거구나.

女 : まあ、そうね。一緒に 海へ 行く?

마- 소-네. 잇쇼니 우미에 이꾸

뭐 그렇지. 함께 바다에 갈까?

男 : うん、いい 考えだね。

응 이-캉가에다네

응, 좋은 생각이야.

🎤 **새로 나온 단어**

会社(かいしゃ) 회사	**海(うみ)** 바다
休(やす)む 쉬다	**へ** …으로, …향하여
体調(たいちょう) 몸 컨디션	**考(かんが)え** 생각
ズル休(やす)み 꾀병으로 쉼	**電車(でんしゃ)** 전철, 열차
一緒(いっしょ)に 함께, 같이	**乗(の)る** 타다

女 ： じゃ、 2時に 電車に 乗るね。

쟈 니지니 덴샤니 노루네

그럼 2시에 전철을 탈게.

일어 감각 키우는 문장 뜯어보기

会社を 休むの?

休(やす)む는 '휴식하다, 쉬다, 잠자다' 등 여러 가지 의미가 있다.

ズル休みだね

ずるい (교활한, 영악한) + 休(やす)み (휴가, 휴일) 이렇게 합성이 된 명사이다.

海へ 行く?

조사 へ는 '~에(로)'라는 뜻으로 장소를 나타낼 때 쓴다. 조사 に도 '~에'라는 뜻으로 へ처럼 장소를 나타내지만 に의 경우엔 '도착하는 장소'를, へ의 경우엔 '이동하는 방향'을 강조하는 의미가 강하다. 일반적으로 '이동하는 방향'은 '도착하는 장소'와 일치하는 경우가 많으므로 へ와 に는 서로 바꾸어 쓸 수 있는 경우가 많다. 하지만 に의 경우 장소뿐 아니라 시간을 나타낼 때도 쓰이지만 へ는 장소를 나타낼 때만 쓰인다. へ가 조사로 쓰일 때는 '에'라고 발음하는 것에 주의할 것!

2時に 電車に 乗るね

우리말로는 전철(電鐵)이라고 하는데 일본에선 電車(でんしゃ)라고 한다. 예전 일본 드라마인 電車男(でんしゃおとこ)도 바르게 번역하면 '전철남'이라고 해야 한다.

1그룹 동사 + ます형 활용하기

1그룹 동사를 ます에 연결하는 방법은 제일 뒷글자를 い단의 글자로 바꾸면 됩니다. 예를 들면 待つ(기다리다)의 뒷글자 つ를 ち로 바꾸면 됩니다. 거기다 ます를 연결합니다. 그래서 待ちます가 됩니다. 여기에서 待ち를 '동사의 ます형'이라고 합니다.

동사 + ます ～합니다 / 동사 + ますか ～합니까 / 동사 + ません ～하지 않습니다

기본형	동사 + ます	동사 + ますか	동사 + ません
会う 만나다	会います 만납니다	会いますか 만납니까?	会いません 만나지 않습니다
行く 가다	行きます 갑니다	行きますか 갑니까?	行きません 가지 않습니다
泳ぐ 헤엄치다	泳ぎます 헤엄칩니다	泳ぎますか 헤엄칩니까?	泳ぎません 헤엄치지 않습니다
起こす 일으키다	起こします 일으킵니다	起こしますか 일으킵니까?	起こしません 일으키지 않습니다
話す 이야기하다	話します 이야기합니다	話しますか 말합니까?	話しません 말하지 않습니다
待つ 기다리다	待ちます 기다립니다	待ちますか 기다립니까?	待ちません 기다리지 않습니다
死ぬ 죽다	死にます 죽습니다	死にますか 죽습니까?	死にません 죽지 않습니다
遊ぶ 놀다	遊びます 놉니다	遊びますか 놉니까?	遊びません 놀지 않습니다

<ruby>読<rt>よ</rt></ruby>む 읽다	<ruby>読<rt>よ</rt></ruby>みます 읽습니다	<ruby>読<rt>よ</rt></ruby>みますか 읽습니까?	<ruby>読<rt>よ</rt></ruby>みません 읽지 않습니다
あ<u>る</u> 있다	あ<u>り</u>ます 있습니다	あ<u>り</u>ますか 있습니까?	あ<u>り</u>ません 있지 않습니다
<ruby>作<rt>つく</rt></ruby><u>る</u> 만들다	<ruby>作<rt>つく</rt></ruby><u>り</u>ます 만듭니다	<ruby>作<rt>つく</rt></ruby><u>り</u>ますか 만듭니까?	<ruby>作<rt>つく</rt></ruby><u>り</u>ません 만들지 않습니다
<ruby>乗<rt>の</rt></ruby><u>る</u> 타다	<ruby>乗<rt>の</rt></ruby><u>り</u>ます 탑니다	<ruby>乗<rt>の</rt></ruby><u>り</u>ますか 탑니까?	<ruby>乗<rt>の</rt></ruby><u>り</u>ません 타지 않습니다

일본어에서 동사로 정중하게 말하려면 기본적으로 배우게 되는 것이 〜
ます입니다. 이것은 '〜합니다'라고 해석됩니다. 그런데 미래형이 없어서
현재형이 미래형을 겸하는 일본어의 특성 때문에 '〜하겠습니다'라고 해
석할 수도 있습니다. ますか는 의문문으로 '〜합니까?'이고 글자만 봐도
의문문이 명백하므로 물음표는 쓰지 않습니다. 〜ません은 부정문으로
'〜하지 않습니다'가 됩니다.

테루테루보즈 てるてる坊主(ぼうず)

테루테루보−즈는 하얀 천과 종이로 만드는 작은 인형인데 일본의 풍
습이다. 날씨가 개기를 소망하며 처마 밑에 매달아 놓는다. 지역에 따
라 명칭도 다음과 같이 여러 가지가 있다. 照(て)る照(て)る法師(ほう
し)、照(て)れ照(て)れ坊主(ぼうず)、日和坊主(ひよりぼうず).

1 다음 문장을 해석하세요.

1. 母は カレー料理を 作ります。
   _____

2. 弟は 今夜 家に 帰りません。
   _____

3. 今日は 会社を 休むの?
   _____

2 다음 빈칸을 채우세요.

1. 妹は ぜんぜん _____
   여동생은 전혀 일을 안 합니다.

2. 姉は 合コンに _____
   언니는 미팅에 갑니다.

3. 兄は 毎日 メールを _____
   형은 매일 메일을 씁니다.

3 다음 문장을 일본어로 만드세요.

1. 바지는 인터넷에서 사지 않습니다.
   _____

2. 응, 좋은 생각이야. _____

3. 그럼 2시에 전철을 탈게. _____

1 엄마는 카레 요리를 만듭니다. / 남동생은 오늘밤 집에 돌아오지 않습니다. / 오늘은 회사를 쉬니? **2** 働きません。/ 行きます。/ 書きます。 **3** ズボンは ネットでは 買いません。/ うん、いい 考えだね。/ じゃ、2時に 電車に 乗るね。

恋人の 写真を 見ます。
애인의 사진을 봅니다. (2그룹동사 활용)

기본 **표현**

ぼくは 朝 ７時に 起きます。
보쿠와 아사 시치지니 오키마스

나는 아침 7시에 일어납니다.

週末は 舞浜駅で 降ります。
슈-마츠와 마이하마에끼데 오리마스

주말은 마이하마 역에서 내립니다.

ひるご飯は 12時に 食べます。
히루고항와 쥬-니지니 타베마스

점심밥은 12시에 먹습니다.

毎日 恋人の 写真を 見ます。
마이니찌 코이비토노 샤싱오 미마스

매일 애인의 사진을 봅니다.

彼女には 夜、電話を かけます。
카노죠니와 요루 뎅와오 카케마스

그녀에겐 밤에 전화를 겁니다.

毎晩 11時に 寝ます。
마이방 쥬-이치지니 네마스

매일밤 11시에 잡니다.

舞浜駅で 降ります (~で ~에서)

で는 동작이 행해지는 장소(~에서)와 도구·수단(~으로) 등을 나타낼 때 씁니다.

学校(がっこう)で 本を 読みます。학교에서 책을 읽습니다. [장소]
車(くるま)で 行きます。차로 갑니다. [도구]

● 교통수단을 타고 내리는 표현을 배워봅시다. '~을 타다'는 ~に 乗(の)る, '~에서 내리다'는 ~を降(お)りる라고 합니다. 특히 동사 앞에 붙는 조사에 주의해야 합니다.

타다 (~に 乗る) ソウル駅(えき)で ちかてつに のります。

서울역에서 지하철을 탑니다.

내리다 (~を 降りる) 学校(がっこう)の 前(まえ)で バスを おります。

학교 앞에서 버스를 내립니다.

식사 표현

朝(あさ)ごはん 아침밥	昼(ひる)ごはん 점심밥	晩(ばん)ごはん 저녁밥
ちょうしょく 朝食 조식	ちゅうしょく 昼食 중식	ゆうしょく 夕食 석식

새로 나온 단어

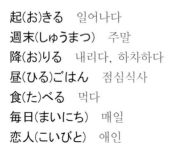

起(お)きる 일어나다
週末(しゅうまつ) 주말
降(お)りる 내리다, 하차하다
昼(ひる)ごはん 점심식사
食(た)べる 먹다
毎日(まいにち) 매일
恋人(こいびと) 애인

写真(しゃしん) 사진
見(み)る 보다
夜(よる) 밤
電話(でんわ) 전화
かける 걸다, 걸치다
毎晩(まいばん) 매일 밤
寝(ね)る 자다

窓を 開けると 山が 見えます。

마도오 아케루또 야마가 미에마스

창문을 열면 산이 보입니다.

ドアを 閉めると 静かに なります。

도아오 시메루또 시즈까니 나리마스

문을 닫으면 조용해집니다.

銀行で お金を 借ります。

깅꼬-데 오카네오 카리마스

은행에서 돈을 빌립니다.

午後は 川へ つりに 行きます。

고고와 카와에 츠리니 이끼마스

오후엔 강에 낚시하러 갑니다.

今日から 英会話を 始めます。

코-까라 에-카이와오 하지메마스

오늘부터 영어회화를 시작합니다.

何でも 続けるのが 大事です。

난데모 츠즈케루노가 다이지데스

뭐든지 계속하는 것이 중요합니다.

窓を 開けると…

동사 기본형에 と를 붙이면 가정 표현이 된다.

午後は 川へ つりに 行きます

つり(낚시)に(~하러) 조사 に가 목적의 의미를 갖게 된다.

今日から 英会話を 始めます

우리말의 명사 뒤에 붙는 "~은, ~도, ~이, ~를, ~에서, ~까지…" 따
위를 조사(助詞)라고 하는데 일어도 거의 비슷한 역할을 하는 조사가
있는데 우리말 조사와는 미묘하게 차이가 있다.

から : 장소나 시간의 출발점 '~에서부터', '부터'(from)를 나타낸다.

새로 나온 단어

窓(まど) 창문	借(か)りる 빌리다
開(あ)ける 열다	午後(ごご) 오후
山(やま) 산	川(かわ) 강
見(み)える 보이다	つり 낚시
ドア 문(door)	英会話(えいかいわ) 영어회화
閉(し)める 닫다	始(はじ)める 시작하다
なる 되다	続(つづ)ける 계속하다
銀行(ぎんこう) 은행	大事(だいじ)だ 소중하다, 중요하다
お金(かね) 돈, 금전	

2그룹 동사 (상·하 1단 동사)

2그룹 동사란?

일본어 동사의 두 번째 그룹인 2그룹 동사에 대해 알아봅시다. 2그룹 동사란 어미가 る로 끝나는 동사들 중 る앞의 어간(활용을 할 때 변하지 않는 부분)이 い단, 또는 え단인 동사를 말합니다. 상1단동사와 하1단동사라고도 부르는데 見(み)る와 같이 る앞의 어간이 い단인 경우를 상1단동사, 寝(ね)る와 같이 る앞의 어간이 え단인 경우를 하1단동사라고 나누기 때문이지요.

상1단 동사 – 起きる 일어나다 / 借りる 빌리다 / 見る 보다

하1단 동사 – 食べる 먹다 / 寝る 자다 / 開ける 열다

2그룹 동사+ます형 활용하기

2그룹 동사에 ます를 연결시키는 방법은 동사의 마지막 글자 る를 떼고 ます를 붙여주면 됩니다. 1그룹 동사에 비해 어이없을 정도로 쉽죠? 그럼 여러 가지 활용형을 알아봅시다.

동사 + ます ～합니다 / 동사 + ますか ～합니까 / 동사 + ません ～하지 않습니다

기본형	동사+ます	동사+ますか	동사+ません
起きる 일어나다	起きます 일어납니다	起きますか 일어납니까?	起きません 일어나지 않습니다
借りる 빌리다	借ります 빌립니다	借りますか 빌립니까?	借りません 빌리지 않습니다
着る 입다	着ます 입습니다	着ますか 입습니까?	着ません 입지 않습니다

見^みる 보다	見^みます 봅니다	見^みますか 봅니까?	見^みません 보지 않습니다
食^たべる 먹다	食^たべます 먹습니다	食^たべますか 먹습니까?	食^たべません 먹지 않습니다
寝^ねる 자다	寝^ねます 잡니다	寝^ねますか 잡니까?	寝^ねません 자지 않습니다
開^あける 열다	開^あけます 엽니다	開^あけますか 엽니까?	開^あけません 열지 않습니다
忘^{わす}れる 잊다	忘^{わす}れます 잊습니다	忘^{わす}れますか 잊습니까?	忘^{わす}れません 잊지 않습니다

일본 속담

聞(き)くは一時(いっとき)の恥(はじ)、聞(き)かぬは一生(いっしょう)の恥(はじ)。
묻는 것은 한때의 수치, 묻지 않음은 평생의 수치.

金(かね)の切(き)れめが縁(えん)の切(き)れめ。
돈 떨어지면 정(情)도 떨어진다.

男(おとこ)は度胸(どきょう)、女(おんな)は愛嬌(あいきょう)。
남자는 배짱, 여자는 애교.

1 다음 문장을 해석하세요.

1. 朝 ７時に 起きます。

_____

2. 窓を 開けると 山が 見えます。

_____

3. ドアを 閉めると 静かに なります。

_____

2 다음 빈칸을 채우세요.

1. **週末は 舞浜駅で**_____

주말은 마이하마 역에서 내립니다.

2. **ひるご飯は 12時に** _____

점심밥은 12시에 먹습니다.

3. **毎日 恋人の写真を** _____

매일 애인의 사진을 봅니다.

3 다음 문장을 일본어로 만드세요.

1. 그녀에겐 밤에 전화를 겁니다. _____

2. 오늘부터 영어회화를 시작합니다. _____

3. 뭐든지 계속하는 것이 중요합니다. _____

1 아침 7시에 일어납니다. / 창문을 열면 산이 보입니다. / 문을 닫으면 조용해집니다.
2 降ります / 食べます / 見ます **3** 彼女には 夜、電話を かけます。 / 今日から 英会話を 始めます。 / 何でも 続けるのが 大事です。

家に 遊びに 来ませんか。
우리 집에 놀러오지 않을래요?
3그룹동사(する, 来る) 활용 배우기

 기본 표현

<ruby>東京<rt>とうきょう</rt></ruby>から <ruby>恋人<rt>こいびと</rt></ruby>が <ruby>来<rt>き</rt></ruby>ます。

토-쿄-까라 코이비토가 키마스

도쿄에서 애인이 옵니다.

<ruby>我々<rt>われわれ</rt></ruby>は <ruby>来週旅行<rt>らいしゅうりょこう</rt></ruby>します。

와레와레와 라이슈- 료코-시마스

우리는 다음 주 여행합니다.

<ruby>家<rt>うち</rt></ruby>に <ruby>遊<rt>あそ</rt></ruby>びに <ruby>来<rt>き</rt></ruby>ませんか。

우찌니 아소비니 키마셍까

우리 집에 놀러오지 않을래요?

テレビを <ruby>見<rt>み</rt></ruby>ながら ビールを <ruby>飲<rt>の</rt></ruby>みます。

테레비오 미나가라 비-루오 노미마스

TV를 보면서 맥주를 마십니다.

ぼくは <ruby>家<rt>うち</rt></ruby>では <ruby>勉強<rt>べんきょう</rt></ruby>しません。

보꾸와 우찌데와 벵꼬-시마셍

나는 집에선 공부하지 않습니다.

<ruby>遊<rt>あそ</rt></ruby>ぶのが <ruby>好<rt>す</rt></ruby>きです。

아소부노가 스끼데스

노는 것을 좋아합니다.

我々(われわれ)

々는 앞에 나온 한자(漢字)가 반복된다는 기호다. 이것은 옛날엔 한자 문화권에서 널리 사용되었지만 지금은 일본에서만 쓰인다.

色々(いろいろ)   여러 가지 종류

様々(さまざま)   가지각색

来週 旅行します

します는 현재형이지만 来週를 보아 미래임을 명확히 알 수 있다.

家に 遊びに 来ませんか

に가 목적을 나타내는데, 명사엔 그냥 붙이지만 동사에는 연용형으로 만들어 に를 붙인다. 즉 ます형에 붙는 것이다.

テレビを 見ながら ビールを 飲みます

동사 ます형에 ～ながら를 붙이면 '～하면서'라는 뜻으로 동시에 동작이 일어나고 있음을 나타낸다.

コーヒーを 飲(の)みながら 仕事(しごと)を します。

커피를 마시면서 일을 합니다.

새로 나온 단어

～から ～로부터	遊(あそ)ぶ 놀다
来(く)る 오다, 다가오다	～ながら ～하면서
我々(われわれ) 우리	ビール 맥주
来週(らいしゅう) 다음 주	飲(の)む 마시다
旅行(りょこう) 여행	勉強(べんきょう) 공부

遊ぶのが 好きです

の는 '것'이란 의미이고, 목적어 뒤에 붙는 '을, 를'은 を만 오는 것이 아니라 が가 되는 경우도 종종 있다. 이것은 뒤에 오는 好きです라는 말이 좌우하는 것이다.

きみが 好きだよ。 너를 좋아해.

3그룹 동사 (불규칙 동사)

일본어 동사의 세 번째 그룹인 3그룹 동사는 불규칙적으로 활용하므로 전부 외울 수밖에 없습니다. 하지만 일본어에 불규칙 동사는 来(く)る(오다)와 する(하다) 겨우 둘 뿐이라 어이없이 간단합니다.

来る 오다
する 하다

3그룹 동사 + ます형 활용하기

3그룹 동사는 규칙 없이 활용하므로 무조건 외워야 합니다.
동사+ます ～합니다 / 동사+ますか ～합니까 / 동사+ません ～하지 않습니다

기본형	동사+ます	동사+ますか	동사+ません
来る 오다	来ます 옵니다	来ますか 옵니까?	来ません 오지 않습니다
する 하다	します 합니다	しますか 합니까?	しません 하지 않습니다

A : あなたは どこの 出身ですか。

아나타와 도코노 슛신데스까

당신은 어디 출신입니까?

B : 私は 神戸から 来ました。

와타시와 코-베까라 키마시다

나는 코베에서 왔습니다.

C : あなたの 夢は 何ですか。

아나타노 유메와 난데스까

당신의 꿈은 무엇입니까?

D : 世界を 征服する ことです。

세까이오 세-후꾸스루 코토데스

세계를 정복하는 것입니다.

A : 君は 日曜に 何をするの？

키미와 니찌요-니 나니오 스루노

너는 일요일에 무엇을 하니?

B : 部屋で ゴロゴロしたり、フェイスブック
を します。

헤야데 고로고로시따리 훼이스북꾸오 시마스

방에서 뒹굴거나 페이스북을 합니다.

せんぱい　なに
先輩は 何を しますか。

셈빠이와 나니오 시마스까

선배는 뭘 합니까?

A : とも　　　さけ　　の
おれは 友だちと お酒を 飲むよ。

오레와 토모다찌또 오사께오 노무요

나는 친구와 술을 마셔.

우리말과 마찬가지로 명사에 する만 붙이면 征服する, 旅行する처럼 동사를 만들 수 있다.

　　勉強(べんきょう)する 공부하다　　　約束(やくそく)する 약속하다
　　電話(でんわ)する 전화하다　　　　注文(ちゅうもん)する 주문하다

君は 日曜に 何を するの？

요일을 말할 때는 日曜(にちよう), 月曜처럼 줄여서 말할 수 있다. 반말로 질문할 때 끝에 종조사 の를 붙이기도 한다.

部屋で ゴロゴロしたり、…

동사에 たり를 붙여 나열할 때 서술하는 표현을 만든다. たり가 여러 번 나올 수도 있다. '～하기도 하고'라는 뜻인데, 우리말과 결합하여 속어로 '왔다리 갔다리'라는 얘기 들어본 적 있을 것이다.

おれは 友だちと お酒を 飲むよ

おれ(俺)는 자기 과시적이고 거친 말이므로 주의를 요한다. 종조사 よ는 ね와 더불어 윗사람에게 말하면 안 되는 반말체이다.

1 다음 문장을 해석하세요.

1. 東京から 恋人が 来ます。

_____

2. 家に 遊びに 来ませんか。

_____

3. 部屋でゴロゴロしたり、フェイスブックをします。

_____

2 다음 빈칸을 채우세요.

1. 我々は 来週 _____ 。
우리는 다음 주 여행합니다.

2. ぼくは 家では _____ 。
나는 집에선 공부하지 않습니다.

3. 私は 神戸から _____ 。
나는 코베에서 왔습니다.

3 다음 문장을 일본어로 만드세요.

1. 너는 일요일에 무엇을 하니? _____

2. 세계를 정복하는 것입니다. _____

3. 노는 걸 좋아합니다. _____

1 도쿄에서 애인이 옵니다. / 우리 집에 놀러오지 않을래요? / 방에서 뒹굴거나 페이스북을 합니다.　**2** 旅行します / 勉強しません / 来ました　**3** 君は 日曜に 何を するの？ / 世界を 征服する ことです。 / 遊ぶのが 好きです。

Day 11

友だちと 映画を 見ました。
친구와 영화를 봤습니다.
과거형 ました／ませんでした

 기본 표현

昨日は 何をしましたか。

키노-와 나니오 시마시따까

어제는 뭘 했습니까?

友だちと 映画を 見ました。

토모다찌또 에-가오 미마시따

친구와 영화를 봤습니다.

けさの 天気は どうでしたか。

케사노 텡끼와 도-데시따까

오늘 아침 날씨는 어땠어요?

雨が 降りました。 아메가 후리마시따

비가 내렸습니다.

ぼくは むかし 勉強を しませんでした。

보쿠와 무까시 벵꼬-오 시마센데시따

나는 옛날에 공부를 안 했습니다.

その 代わり、漫画を たくさん 読みました。

소노 카와리 망가오 타꾸상 요미마시따

그 대신 만화를 많이 읽었습니다.

友だちと 映画を 見ました

とは '~와 함께'라는 뜻이 되기도 한다. ます를 과거형으로 하려면 まし
た로 고친다.

けさの 天気は どうでしたか

です의 과거형은 でした가 된다.

勉強を しませんでした

ます의 부정 과거 표현은 ませんでした가 된다.

　　飲む(마시다) → 飲みませんでした (마시지 않았습니다)

동사의 과거형

앞에서 동사 + ます가 '~합니다(현재)' 또는 '~하겠습니다(미래)'라는
뜻이고 부정형은 동사 + ません으로 '~하지 않습니다'라는 뜻이라는 것
은 배웠죠? 이번에는 과거형에 대해 배워봅시다.

ます의 과거형은 동사 + ました의 형태로 '~했습니다'입니다. 그리고
과거 부정형은 동사 + ませんでした인데 '~하지 않았습니다'라는 뜻입
니다.

새로 나온 단어

昨日(きのう) 어제	むかし 옛날
映画(えいが) 영화	その代(か)わり 그 대신
けさ 오늘 아침(今朝)	漫画(まんが) 만화
雨(あめ) 비	たくさん 많이
降(ふ)る (비, 눈이) 내리다	読(よ)む 읽다

동사 + ました (~했습니다) / 동사 + ませんでした (~하지 않았습니다)

	현재 / 미래	과거
긍정	会います 만납니다 / 만나겠습니다	会いました 만났습니다
부정	会いません 만나지 않습니다 / 만나지 않겠습니다	会いませんでした 만나지 않았습니다

 GO! 실전 표현

A : 顔色が よくないですね。

카오이로가 요꾸나이데스네

안색이 안 좋네요.

どうか しましたか。

도-까 시마시따까

무슨 일 있으세요?

B : 昨夜は ぜんぜん 眠れませんでした。

사꾸야와 젠젠 네무레마센데시따

어젯밤 전혀 잠을 못 잤어요.

今は 気分が 悪いです。

이마와 키붕가 와루이데스

지금은 컨디션이 나쁩니다.

A : それは 大変_{たいへん}ですね。

소레와 타이헨데스네

그거 힘드시겠네요.

早_{はや}く 帰_{かえ}って 休_{やす}んで ください。

하야꾸 카엣떼 야슨데 쿠다사이

일찍 돌아가 쉬세요.

B : ありがとうございます。

아리가또-고자이마스

감사합니다.

A : はい、気_きを つけて ください。

하이 키오 츠케떼 쿠다사이

네, 조심해서 들어가세요.

どうか しましたか

비정상적인 상황이나 정신이나 건강에 이상이 있는 경우 묻는 표현.

ぜんぜん 眠れませんでした

ぜんぜん은 '전혀'라는 뜻으로 뒤에 부정어가 와야 한다. 그런데 요즘 일본 젊은 층은 뒤에 긍정표현을 흔히 사용하는 경향이 있다.

ぜんぜん大丈夫です.(전혀 괜찮아요.)

우리말에도 뒤에 부정어가 와야 하는 '너무'라는 말 뒤에 긍정표현을 하는 틀린 표현(너무 좋아요/ 너무 잘해요)이 남발되고 있는 것과 비슷한 현상이랄까.

気分が 悪いです

기분이 나쁘다 또는 몸 컨디션이 나쁘다는 뜻인데, 보통은 몸 컨디션이 나빠서 좀 아프다는 뜻으로 쓰인다.

早く 帰って …

早い・速い 빠르다

早(はや)い와 速(はや)い는 둘 다 '빠르다'라는 뜻을 갖고 있다. 그러나 早(はや)い의 경우 시간이나 시기가 빠른 경우에 쓰며 速(はや)い는 속도가 빠른 것을 말한다.

　寝(ね)るには まだ 早(はや)い。 자기에는 아직 이르다.

　速(はや)い スピードで 走(はし)ります。 빠른 속도로 달립니다.

새로 나온 단어

顔色(かおいろ) 안색, 표정
どうか 보통이 아닌(좀 부정적인 뉘앙스) 모양. 어떻게
昨夜(さくや) 어젯밤
眠(ねむ)れる 잠잘 수 있다
今(いま) 지금

気分(きぶん) 기분, 컨디션
大変(たいへん)だ 힘들다, 엄청나다
早(はや)く 일찍
休(やす)む 쉬다, 자다
気(き)をつける 조심하다
~ください ~주세요

1 다음 문장을 해석하세요.

1. けさの 天気は どうでしたか。

　_____

2. むかし 勉強を しませんでした。

　_____

3. 昨夜は ぜんぜん 眠れませんでした。

　_____

2 다음 빈칸을 채우세요.

1. その代わり、漫画をたくさん _____

　그 대신 만화를 많이 읽었습니다.

2. 早く _____ ください。

　일찍 돌아가 쉬세요.

3. 顔色が _____。 안색이 안 좋네요.

3 다음 문장을 일본어로 만드세요.

1. 어제는 뭘 했습니까? _____

2. 비가 내렸습니다. _____

3. 친구와 영화를 봤습니다. _____

1 오늘 아침 날씨는 어땠어요? / 옛날 공부를 안 했습니다. / 어젯밤 전혀 잠을 못 잤어요.
2 読みました。/ 帰って休んで / よくないですね **3** 昨日は何をしましたか。/
雨が 降りました。/ 友だちと 映画を 見ました。

Day 12

みかんは 一ついくらですか。

귤은 하나 얼마입니까? (숫자 읽기)

 기본 표현

あなたの ケータイは 何番^{なんばん}ですか。

아나타노 케-타이와 남방데스까

당신 휴대폰은 몇 번입니까?

090-0511-4455です。

제로큐제로노 제로고이치이치노 욘용고고데스

090-0511-4455입니다.

今年^{ことし} おいくつですか。 코토시 오이쿠츠데스까

올해 연세가 어떻게 되세요?

45歳^{よんじゅうごさい}です。 욘쥬-고사이데스

45세입니다.

みかんは 一^{ひと}つ いくらですか。

미깐와 히또츠 이꾸라데스까

귤은 하나 얼마입니까?

5つで 千^{せん}ウォンです。 이츠츠데 셍원데스

5개에 천 원입니다.

あの自動車^{じどうしゃ}は 220万 円^{にひゃくにじゅうまんえん}です。

아노 지도-샤와 니햐꾸니쥬-망엔데스

저 자동차는 220만 엔입니다.

おいくつですか

연세를 여쭙는 표현이다. 아랫사람에게 물어볼 때는 何歳ですか。라고
할 수 있다.

みかんは 一つ いくらですか

우리가 물건을 살 때 꼭 필요한 말 '얼마예요'는 일본어로 いくらですか라
고 한다. いくら는 '얼마'라는 뜻의 의문사인데 여기에 정중한 말투로 만
들기 위해 ですか를 붙인 것이다. 반말로 할 때는 いくら？ / いくらなの？
라고 하면 된다.

それ、いくらですか。 그거 얼마에요?

これ、いくら？ 이거 얼마야?

あの自動車は…

우리말로도 자동차라고 하지만 보통은 편하게 '차'라고 부른다. 일어로
는 車(くるま)라고 한다.

새로 나온 단어

何番(なんばん) 몇 번
今年(ことし) 올해
おいくつ 연세를 묻는 말
みかん 귤
一(ひと)つ 하나, 한 개

いくら 얼마, 얼마나
5(いつ)つ 다섯(개)
ウォン 원, 한국의 화폐 단위
自動車(じどうしゃ) 자동차
円(えん) 엔, 일본의 화폐 단위

일본어 숫자 읽기

1 一	2 二	3 三	4 四	5 五
いち	に	さん	し よん	ご
6 六	7 七	8 八	9 九	10 十
ろく	しち なな	はち	きゅう く	じゅう

하나 一つ	둘 二つ	셋 三つ	넷 四つ	다섯 五つ
ひとつ	ふたつ	みっつ	よっつ	いつつ
여섯 六つ	일곱 七つ	여덟 八つ	아홉 九つ	열 十
むっつ	ななつ	やっつ	ここのつ	とお

열한 개부터는 じゅういち, じゅうに, じゅうさん…으로 셉니다.

백 단위 이상 숫자 읽기

100	200	300	400	500
ひゃく	にひゃく	さんびゃく	よんひゃく	ごひゃく
600	700	800	900	몇백 何百
ろっぴゃく	ななひゃく	はっぴゃく	きゅうひゃく	なんびゃく
1000	2000	3000	4000	5000
せん	にせん	さんぜん	よんせん	ごせん

6000	7000	8000	9000	몇천 何千
ろくせん	ななせん	はっせん	きゅうせん	なんぜん

⇒　1万(いちまん)　10万(じゅうまん)　100万(ひゃくまん)　1,000万(せんまん)　1億(いちおく)

전화번호 읽기

０９０－２３４５－６７８９
ゼロ きゅう ゼロ の に さん よん ご の ろく なな はち きゅう

일본의 전화번호는 한 자리씩 끊어 읽으며 –(하이픈)은 の로 읽습니다. 숫자 '0'은 원래 れい라고 하는데 전화번호로 읽을 때는 보통 ゼロ(zero)라고 읽습니다. 7은 しち지만 いち와 혼동을 피하기 위해 なな라고 읽어야 합니다. 4는 よん이라고 읽습니다. 우리는 010을 쓰지만 일본에서는 090과 080을 많이 씁니다.

 GO! 실전 표현

A:　いらっしゃいませ！

　　이랏샤이마세

B:　この ジーンズは いくらですか。

　　코노 진-즈와 이꾸라데스까

A:　８千円です。
　　<ruby>はっせんえん</ruby>

　　핫셴엔데스

B:　ちょっと 高いですね。もう少し 安い も

のは ないですか。

촛또타카이데스네 모-스꼬시 야스이 모노와 나이데스까

A : あります。じゃ、こちらは どうですか。

아리마스 쟈 코치라와 도-데스까

これは 5千円で、あれは ４千円です。

코레와 고셍엔데 아레와 욘셍엔데스

B : じゃ、これに します。

쟈 코레니 시마스

A : かしこまりました。 5千円に なります。

카시코마리마시타 고셍엔니 나리마스

A : 어서 오세요!

B : 이 청바지는 얼마입니까?

A : 8천 엔입니다.

B : 좀 비싸네요. 좀 더 저렴한 것은 없습니까?

A : 있습니다. 그럼 이쪽은 어떠세요?
　　이것은 5천 엔이고 저것은 4천 엔입니다.

B : 그럼 이걸로 하겠습니다.

A : 알겠습니다. 5천 엔 되겠습니다.

새로 나온 단어

いらっしゃいませ　어서 오세요
ジーンズ　청바지(jeans)
もう少(すこ)し　좀 더

安(やす)い　싸다
物(もの)　물건, 것

いらっしゃいませ

일본에서 상점에 들어가면 점원이 いらっしゃいませ! 라고 인사한다. 손님을 맞을 때 하는 인사말로 '어서 오세요! / 잘 오셨어요!'라는 뜻이다.

このジーンズは…

ジーンズ는 청바지인데 영어 jeans를 표기한 것. ジーパン이라고도 한다. 두 단어(jeans+pants)를 합성한 것.

じゃ、こちらは どうですか

상대의 의향을 물을 때 편리한 표현 どうですか는 기억할 만하다. 정중한 표현은 いかがですか라고 한다.

かしこまりました。

윗사람이나 고객에게 하는 표현. 分かりました보다 한층 정중한 존경표현이다. 상대의 요청에 따르겠다는 얘기.

비탁음 鼻濁音(びだくおん)

が행(が ぎ ぐ げ ご)이 단어 중간에 오는 경우 が행 앞글자에 이응받침이 붙고 g음은 없어지는 현상을 비탁음(鼻濁音)이라고 한다. 예) えいが(에잉아) おねがい(오넹아이) かがみ(캉아미) ごご(공오) 이것도 표준어로 인정받고 있으며 도쿄를 중심으로 주로 일본 동부에서 사용된다. 비탁음으로 발음하는 것이 아름답다고 생각하는 사람이 꽤 있다.

1 다음 문장을 해석하세요.

1. 今年 おいくつですか。

_____

2. もう少し 安い ものは ないですか。

_____

3. いらっしゃいませ!_____

2 다음 빈칸을 채우세요.

1. みかんは 一つ_____
   굴은 하나 얼마입니까?

2. あなたの ケータイは _____
   당신 휴대폰은 몇 번입니까?

3. _____ チウォンです。
   5개에 천 원입니다.

3 다음을 히라가나로 적어보세요.

1. 45세 _____

2. 220만

3. 3천5백 엔 _____

---

1 올해 연세가 어떻게 되세요? / 좀 더 저렴한 것은 없습니까? / 어서 오세요!
2 いくらですか。 / 何番ですか。 / 5つで **3** よんじゅうごさい / にひゃく
にじゅうまん / さんぜんごひゃくえん

何時に 食べますか。
몇 시에 먹습니까? (시간・요일 말하기)

 기본 표현

今、何時ですか。
이마 난지데스까
지금 몇 시입니까?

3時 15分です。
산지 쥬-고훈데스
3시 15분입니다.

ひるごはんは 何時に 食べますか。
히루고항와 난지니 타베마스까
점심밥은 몇 시에 먹습니까?

12時ごろ 食べます。
쥬-니지 고로 타베마스
12시쯤 먹습니다.

ふつう 何時から 何時まで 働きますか。
후츠- 난지까라 난지마데 하타라끼마스까
보통 몇 시부터 몇 시까지 일합니까?

9時から 6時まで はたらきます。
쿠지까라 로꾸지마데 하타라끼마스
9시부터 6시까지 일합니다.

今 何時ですか

현재 시간을 묻는 표현입니다. 모르는 사람에게 말을 걸 때에는 失礼(し つれい)ですが(실례합니다만)라고 먼저 양해를 구하는 것이 좋다.

…何時まで 働きますか

働라는 한자는 일본에서 만든 한자(和製漢字)라서 우리나라에선 사용 되지 않는다. 사람인변에 움직일동 자로 사람이 근로(노동)한다는 의미 가 된다. 다음 한자도 흔히 사용되는 일본한자이다.

畑(はたけ): 밭　　　　　　　辻(つじ): 사거리, 길거리

峠(とうげ): 고개, 절정기

9時から 6時まで…

9는 きゅう와 く 두 가지로 말한다는 것을 기억하자.

시간 읽기

1時	2時	3時	4時	5時	6時
いちじ	にじ	さんじ	よじ	ごじ	ろくじ

새로 나온 단어

何時(なんじ)　몇 시
ごろ　쯤, 경, 무렵
時(じ)　시
まで　~까지

分(ふん/ぷん)　~분
ふつう　보통, 평소
働(はたら)く　일하다, 근로하다

7時	8時	9時	10時	11時	12時
しちじ	はちじ	くじ	じゅうじ	じゅういちじ	じゅうにじ

⇒ 4시는 よじ, 7시는 しちじ, 9시는 くじ라고 하는 것에 주의!

분 읽기

1分	2分	3分	4分	5分
いっぷん	にふん	さんぷん	よんぷん	ごふん
6分	7分	8分	9分	10分
ろっぷん	ななふん	はっぷん	きゅうふん	じゅっぷん (じっぷん)
20分	30分	40分	50分	60分
にじゅっぷん	さんじゅっぷん	よんじゅっぷん	ごじゅっぷん	ろくじゅっぷん

⇒ 分은 2분, 5분, 7분, 9분의 경우 ふん으로 읽고 그 외는 ぷん으로 읽
   습니다. 11분부터는 じゅういっぷん, じゅうにふん, じゅうさんぷ
   ん…이 됩니다.

A : 日本の 銀行は 韓国とは 営業時間が 違い
ますか。

にほんの ぎんこうは かんこくとは えいぎょうじかんが ちがい

니혼노 깅꼬-와 캉꼬구또와 에-교-지깐가 치가이마스까

B : 違いますね。

ちがが

치가이마스네

A : 何時から 何時まで しますか。

なんじ なんじ

난지까라 난지마데 시마스까

B : 午前 9時から 午後 3時までです。

ごぜん くじ ごご さんじ

고젱 쿠지까라 고고 산지마데데스

A : 일본 은행은 한국과는 영업시간이 다릅니까?
B : 다르네요.
A : 몇 시부터 몇 시까지 합니까?
B : 오전 9시부터 오후 3시까지입니다.

A : 映画の 予約は しましたか。

えいが よやく

에 기노 요야꾸와 시마시따까

B : したよ。来週の 火曜日で いいよね？

らいしゅう かようび

시따요 라이슈-노 카요-비데 이-요네

A : はい、そして 時間は？

じかん

하이 소시떼 지깐와

B : 午後 7時 30分だよ。
ごご しちじ さんじゅっぷん

고고 시찌지 산줍뿐다요

A : 영화 예약은 했습니까?

B : 했어. 다음 주 화요일로 괜찮지?

A : 네, 그리고 시간은요?

B : 오후 7시 30분이야.

… 違いますね

違うは '틀리다, 다르다'는 두 가지 의미가 있다.

来週の 火曜日で いいよね？

조사 で는 여기에서 '사정이나 상태'를 뜻한다. よね는 상대의 의중을 확인하는 표현이다.

새로 나온 단어

銀行(ぎんこう) 은행
営業時間(えいぎょうじかん) 영업시간
違(ちが)う 다르다, 틀리다
映画(えいが) 영화
予約(よやく) 예약
来週(らいしゅう) 다음 주

火曜日(かようび) 화요일
~よね ~지요? (상대방이 모르는 정보나 자기 뜻을 조금 강하게 전달)
午前(ごぜん) 오전
午後(ごご) 오후

午後 7時 30分だよ

시간을 나타내는 分은 앞 글자에 따라 세 가지(ふん, ぶん, ぷん)로 발음되므로 처음에 아주 난감하게 생각되는데, 많이 듣고 읽어서 발음 감각을 익히는 것이 중요하다. 많이 듣고 계속 읽다 보면 입에 익게 되는 것이다. 그냥 외우는 것은 잊어버리기 쉽다.

요일 읽기

월요일	화요일	수요일	목요일
月曜日 げつようび	火曜日 かようび	水曜日 すいようび	木曜日 もくようび
금요일	토요일	일요일	무슨 요일
金曜日 きんようび	土曜日 どようび	日曜日 にちようび	何曜日 なんようび

 일본 속담

急(いそ)がば回(まわ)れ。
급할수록 돌아가라.

一寸(いっすん)の虫(むし)にも五分(ごぶ)の魂(たましい)。
한 치의 벌레에게도 다섯 푼의 혼이 있다.

井戸(いど)を掘(ほ)るなら水(みず)の出(で)るまで。
우물을 판다면 물이 나올 때까지.

1 다음 문장을 해석하세요.

1. ひるごはんは 何時に 食べますか。

   _____

2. ふつう 何時から 何時まで 働きますか。

   _____

3. 来週の 火曜日で いいよね？

   _____

2 다음 빈칸 안에 히라가나를 넣으세요.

1. 3時 _____ 15分 _____です。
   3시 15분입니다.

2. 7時 _____ 30分 _____ 7시 30분

3. 午前 _____ 9時 ____ から 午後 ____ 3時 _____ まで
   오전 9시부터 오후 3시까지

3 다음 문장을 일본어로 만드세요.

1. 12시쯤 먹습니다. _____

2. 9시부터 6시까지 일합니다. _____

3. 영화 예약은 했습니까? _____

1 점심밥은 몇 시에 먹습니까? / 보통 몇 시부터 몇 시까지 일합니까? / 다음 주 화요일로 괜찮지? **2** さんじ, じゅうごふん / しちじ, さんじゅっぷん / ごぜん, くじ, ごご, さんじ **3** 12時ごろ 食べます。/ 9時から 6時まで はたらきます。/ 映画の 予約は しましたか。

Day 14

誕生日は 6月 14日です。
생일은 6월 14일입니다. (날짜 말하기)

기본 표현

おおさか　しゅっちょう　　　　　　い
大阪の 出張は いつ 行きますか。

오-사카노 슛쪼-와 이쯔 이끼마스까

오사카 출장은 언제 갑니까?

しがつ　なのか　　い
4月 7日に 行きます。

시가쯔 나노까니 이끼마스

4월 7일에 갑니다.

たんじょうび
あなたの 誕生日は いつですか。

아나타노 탄죠-비와 이쯔데스까

당신 생일은 언제입니까?

ろくがつ　じゅうよっか
6月 14日です。

로쿠가츠 쥬-욕까데스

6월 14일입니다.

なつやす
夏休みは いつですか。

나츠야스미와 이쯔데스까

여름 휴가는 언제입니까?

しちがつ　にじゅうはちにち　　　　　はちがつ　よっか
7月 28日 から 8月 4日までです。

시찌가츠 니쥬-하찌니찌까라 하찌가츠 욕까마데데스

7월 28일부터 8월 4일까지입니다.

4月 7日に 行きます

일본어에선 동사의 미래형이 따로 없어서 현재형이 미래형을 겸한다. 따라서는 行きます는 '갑니다' 또는 '가겠습니다'라고 해석된다.
4는 한자문화권에선 죽을 사(死)와 발음이 같아 꺼리는 숫자다. 그래서 よん이라고 읽는 경우가 많은데 월을 말할 때는 그냥 しがつ이다. なのか는 '초이레' 또는 '7일간'이라는 두 가지 의미를 갖는다. 날짜를 말하는 명칭이 어려워서 상당한 연습이 필요하다.

夏休みは いつですか

夏休み는 여름휴가 또는 여름방학이다. やすみ는 휴식, 휴일, 결근, 휴가, 취침 등 여러 가지 뜻이 된다.

연 이름

재작년	작년	올해	내년	내후년
一昨年 おととし	去年 きょねん	今年 ことし	来年 らいねん	再来年 さらいねん

새로 나온 단어

大阪(おおさか) 오사카. 일본 제2의 대도시
出張(しゅっちょう) 출장
7日(なのか) 이레, 7일
誕生日(たんじょうび) 생일

6月(ろくがつ) 6월
夏休(なつやす)み 여름휴가
7月(しちがつ) 7월
8月(はちがつ) 8월
4日(よっか) 4일

월 이름

1月	2月	3月	4月	5月	6月
いちがつ	にがつ	さんがつ	しがつ	ごがつ	ろくがつ
7月	8月	9月	10月	11月	12月
しちがつ	はちがつ	くがつ	じゅうがつ	じゅういちがつ	じゅうにがつ

⇒ 4월은 しがつ, 7월은 しちがつ, 9월은 くがつ라고 읽는 것에 주의!

날짜 읽기

1日	2日	3日	4日	5日	6日	7日
ついたち	ふつか	みっか	よっか	いつか	むいか	なのか
8日	9日	10日	11日	12日	13日	14日
ようか	ここのか	とおか	じゅういちにち	じゅうににち	じゅうさんにち	じゅうよっか
15日	16日	17日	18日	19日	20日	21日
じゅうごにち	じゅうろくにち	じゅうしちにち	じゅうはちにち	じゅうくにち	はつか	にじゅういちにち

22日	23日	24日	25日	26日	27日	28日
にじゅう ににち	にじゅう さんにち	にじゅう よっか	にじゅう ごにち	にじゅう ろくにち	にじゅう しちにち	にじゅう はちにち

29日	30日	31日
にじゅう くにち	さんじゅ うにち	さんじゅ う いちにち

⇒ 1일~10일의 읽는 법이 어렵습니다. 11일부터는 じゅういちにち, じゅうににち…로 읽으면 되지만 14일은 じゅうよっか, 20일은 はつか, 24일은 にじゅうよっか로 읽는 것에 주의!

GO! 실전 표현

A : きみが 私(わたし)を ナンパしたのは 何日(なんにち)だった？

키미가 와타시오 남빠시타노와 난니찌닷따

B : 1月(いちがつ) 2 3 日(にじゅうさんにち)だった。

이치가츠 니쥬-산니찌닷따

A : 正解(せいかい)！ じゃ、初(はじ)めて 手(て)を つないだ 日(ひ)は いつ？

세-까이 쟈 하지메테 테오 츠나이다 히와 이츠

B : それは 4月(しがつ) 3 日(みっか)だね。

소레와 시가츠 믹까다네

A : 初めて チューしたのは いつ？

하지메테 츄-시따노와 이츠

B : うむ… それは 忘れたよ。

우무 소레와 와스레따요

A : えー？ 信じられない！

에- 신지라레나이

A : 네가 나를 꼬신 게 며칠이었지?

B : 1월 23일이었어.

A : 정답이야! 그럼 처음 손을 잡은 날은 언제?

B : 그건 4월 3일이지.

A : 처음 키스한 건 언제?

B : 음… 그건 잊어버렸어.

A : 뭐? 말도 안 돼!

새로 나온 단어

ナンパ　(이성) 헌팅, 보통 남자가 여
자를 꼬신다는 의미

正解(せいかい)　정답

初(はじ)めて　처음으로

手(て)をつなぐ　손을 잡다

3日(みっか)　사흘, 3일

チュー　뽀뽀, 키스

忘(わす)れる　잊다, 망각하다

信(しん)じる　믿다, 신뢰하다

私を ナンパしたのは

ナンパ는 한자로는 軟派인데, 과격하게 노는 부류와는 반대로 문학에 관심을 갖거나 이성교제에 빠지는 부류를 가리킨다. 일반적으론 거리에서 모르는 이성을 꼬시는 일을 말한다. 남자가 여자를 꼬시는 것을 말하므로, 여성이 남성을 꼬시는 경우는 逆(ぎゃく)ナン이라고 한다.

チューしたのは いつ？

キス(kiss)라는 말도 쓰지만 좀 귀엽게 표현할 때는 チュー라고 한다.

信じられない！

직역하면 '믿을 수 없다!'라는 말이지만 어처구니없거나 믿어지지 않을 때, 놀랐을 때 하는 표현이다. 비슷한 말로 "うそ!"가 있는데, 일본 드라마를 보면 아주 흔히 하는 대사다. 근데 자막을 보면 "거짓말!"이라고 된 경우가 많은데, '그럴수가!' '말도 안돼!' '설마!' 이런 말이 적절하다.

일본 속담

色男(いろおとこ)より 稼(かせ)ぎ男(おとこ)。
잘생긴 남자보다 돈 잘 버는 남자.

去(さ)る者(もの)日々(ひび)に 疎(うと)し。
떠난 사람은 날이 갈수록 멀어진다.

触(さわ)らぬ神(かみ)に たたりなし。
건드리지 않으면 탈이 나지 않는다.

1 다음 문장을 해석하세요.

1. きみが 私を ナンパしたのは 何日だった？

   _____

2. 初めて 手を つないだ 日は いつ？

   _____

3. 大阪の 出張は いつ 行きますか。

   _____

2 다음 빈칸을 히라가나로 채우세요.

1. 4月_____ 7日_____ に 行きます。

   4월 7일에 갑니다.

2. 6月_____ 14日_____ です。 6월 14일입니다.

3. 7月_____ 28日_____ 7월 28일

4. 8月_____ 4日_____ 8월 4일

3 다음 문장을 일본어로 만드세요.

1. 당신 생일은 언제입니까? _____

2. 그건 잊어버렸어.

3. 여름휴가는 언제입니까? _____

---

1 네가 나를 꼬신 게 며칠이었지? / 처음 손을 잡은 날은 언제? / 오사카 출장은 언제 갑니까?　**2** しがつ, なのか / ろくがつ, じゅうよっか / しちがつ, にじゅうはちにち / はちがつ, よっか　**3** あなたの 誕生日は いつですか。 / それは 忘れたよ。 / 夏休みは いつですか。

Day 15

ビールを 5本 飲みました。
맥주를 5병 마셨습니다. (조수사 익히기)

 기본 표현

明日の 旅行に 6人で 行きます。

아시따노 료코-니 로쿠닝데 이끼마스

내일 여행에 여섯 명이서 갑니다.

Tシャツ 3枚と くつした 3足を 入れた。

티-샤츠 삼마이또 쿠츠시따 산소꾸오 이레따

티셔츠 세 장과 양말 세 켤레를 넣었다.

プサンまで 3時間ぐらい かかります。

푸산마데 산지깐구라이 카까리마스

부산까지 세 시간 정도 걸립니다.

ビールを 5本 飲みました。

비-루오 고홍 노미마시따

맥주를 다섯 병 마셨습니다.

夏目漱石は 傑作小説を 5冊 書きました。

나츠메 소-세키와 켓사꾸 쇼-세츠오 고사츠 카키마시따

나츠메 소세키는 걸작소설을 5권 썼습니다.

家には 犬が 1匹、ねこが 2匹 います。

우찌니와 이누가 입삐끼 네꼬가 니히끼 이마스

집에는 개가 한 마리, 고양이가 두 마리 있습니다.

● 시간, 개, 마리, 병 등 동물이나 사물을 세는 단위를 우리말과 비슷하게 사용하므로 어려움 없이 받아들일 수 있다.

くらい(ぐらい)와 ごろ의 구별

くらい(ぐらい) : '~정도' 불확실한 시간이나 금액, 양을 나타내는 표현. くらい와 ぐらい의 용법은 현대 일본어에서 차이가 없습니다. 아무거나 사용해도 됩니다.

ごろ : '쯤, 무렵' 시기를 가리키는 표현

あと10分(じゅっぷん)くらいで来(き)ます。 10분 정도 후에 옵니다.

10(じゅう)時(じ)ごろ ねます。 10시쯤 잡니다.

10(じゅう)時(じ)ぐらい ねます。 10시 정도 잡니다. (×)

새로 나온 단어

明日(あした) 내일
人(にん) ~명(인원 수)
T(ティー)シャツ 티셔츠
枚(まい) ~장 [평평한 것을 세는 단위]
くつした 양말
足(そく) 켤레(양말, 신발 세는 단위)
時間(じかん) ~시간
プサン 부산
ぐらい(くらい) (대략) ~정도
かかる 걸리다, 들다

本(ほん·ぼん·ぽん) ~개, 개비, 자루[긴 것을 세는 단위]
夏目漱石(なつめ そうせき) 일본의 근대작가
傑作(けっさく) 걸작
小説(しょうせつ) 소설
冊(さつ) ~권(책을 세는 단위)
匹(ひき·びき·ぴき) ~마리 [동물을 세는 단위]

家には 犬が 1匹、ねこが 2匹 います。

匹(～마리)는 동물을 세는 단위로 앞에 오는 숫자에 따라 ひき・びき・ぴ
き로 읽는다. 소나 코끼리 같은 큰 동물에는 頭(とう)를 쓰기도 하고, 조
류는 흔히 羽(わ)를 쓴다.

かぞえかた　생물이나 사물을 세는 방법

何人 なんにん 몇 명	1 ひとり	2 ふたり	3 さんにん	4 よにん	5 ごにん
	6 ろくにん	7 しちにん ななにん	8 はちにん	9 きゅうにん	10 じゅうにん
何個 なんこ 몇 개	1 いっこ	2 にこ	3 さんこ	4 よんこ	5 ごこ
	6 ろっこ	7 ななこ	8 はっこ	9 きゅうこ	10 じゅっこ じっこ
何枚 なんまい 몇 장	1 いちまい	2 にまい	3 さんまい	4 よんまい	5 ごまい
	6 ろくまい	7 ななまい	8 はちまい	9 きゅうまい	10 じゅうまい
何匹 なんびき 몇 마리	1 いっぴき	2 にひき	3 さんびき	4 よんひき	5 ごひき
	6 ろっぴき	7 ななひき	8 はっぴき	9 きゅうひき	10 じゅっぴき じっぴき
何冊 なんさつ 몇 권	1 いっさつ	2 にさつ	3 さんさつ	4 よんさつ	5 ごさつ
	6 ろくさつ	7 ななさつ	8 はっさつ	9 きゅうさつ	10 じゅっさつ じっさつ

なんぼん 何本	1 いっぽん	2 にほん	3 さんぼん	4 よんほん	5 ごほん
몇 개, 자루	6 ろっぽん	7 ななほん	8 はっぽん	9 きゅうほん	10 じゅっぽん じっぽん
なんがい 何階	1 いっかい	2 にかい	3 さんがい	4 よんかい	5 ごかい
몇층	6 ろっかい	7 ななかい	8 はっかい はちかい	9 きゅうかい	10 じゅっかい じっかい
なんばい 何杯	1 いっぱい	2 にはい	3 さんばい	4 よんはい	5 ごはい
몇 잔	6 ろっぱい	7 ななはい	8 はっぱい	9 きゅうはい	10 じゅっぱい じっぱい

⇒ 앞에 나온 발음에 따라 탁음이나 반탁음으로 바뀌는 경우가 있는데 따로 외우려고 애쓰지 않아도 자주 접하다 보면 자연스럽게 머리에 들어옵니다. 그리고 10의 경우 じっこ, じっぴき… 등은 거의 사용되지 않으므로 じゅっこ, じゅっぴき만 알아두면 됩니다.

A : お酒を あんまり 飲むのは よくないよ。
どのくらい 飲んだの?

오사케오 암마리 노무노와 요꾸나이요. 도노쿠라이 논다노

술을 너무 마시면 안 좋아. 얼마나 마신 거야?

B : ちょっとだけだよ。焼 酎 1本と ビール
2杯くらい。

촛또다케다요. 쇼-쮸- 입퐁또 비-루 니하이 쿠라이

조금밖에 안 마셨어. 소주 한 병하고 맥주 두 잔 정도.

C : 婦人服 売り場は どこですか。

후진후꾸 우리바와 도꼬데스까

여성복 매장은 어디입니까?

D : 2階に あります。

니까이니 아리마스

2층에 있습니다.

E : 7時の 予約は 何名さまですか。

시찌지노 요야꾸와 남메-사마데스까

일곱 시 예약은 몇 분입니까?

F : 4名を お願いします。

욤메-오 오네가이시마스

네 명을 부탁합니다.

お酒を あんまり 飲むのは よくないよ

あんまり는 본래 あまり인데 강조되어 이렇게 발음되는 것이다. 참고로 '역시'라는 부사 やはり가 강조되어 세게 발음하면 やっぱり라고 발음이 바뀐다.

焼酎 1本…

소주의 주는 酒가 아님을 기억할 것. 병은 일반적으로 둥근 기둥형태라서 이렇게 센다.

婦人

부인(夫人)과 다른 말로 그냥 '성인 여성'이라는 의미이다. 우리와 달리 淑女(숙녀)라는 말은 흔히 사용되지 않는다.

予約は 何名さまですか

사람을 셀 때는 人(にん)도 쓰지만 격식을 갖춘 상황에선 名(めい)를 쓴다. 여기에선 고객에 대한 존경표현으로 さま를 붙였다.

새로 나온 단어

お酒(さけ) 술
あんまり 너무, 지나치게
どのくらい 어느 정도
焼酎(しょうちゅう) 소주

婦人服(ふじんふく) 여성복
売(う)り場(ば) 매장
階(かい) ~층
何名(なんめい)さま 몇 분 (사람)

1 다음 문장을 해석하세요.

1. 明日の 旅行に ６人で 行きます。

   _____

2. 夏目漱石は 傑作小説を ５冊 書きました。

   _____

3. お酒を あんまり 飲むのは よくないよ。

   _____

2 다음 빈칸을 채우세요.

1. Tシャツ_____と くつした _____を 入れた。

   티셔츠 3장과 양말 3켤레를 넣었다.

2. 焼酎 _____と ビール _____くらい。

   소주 한 병하고 맥주 두 잔 정도.

3. 予約は _____ですか。

   예약은 몇 분입니까?

3 다음 문장을 일본어로 만드세요.

1. 맥주를 다섯 병 마셨습니다. _____

2. 2층에 있습니다. _____

3. 여성복 매장은 어디입니까? _____

---

1 내일 여행에 여섯 명이서 갑니다. / 나츠메 소세키는 걸작소설을 5권 썼습니다. / 술을 너무 마시면 안 좋아.　**2** 3枚, 3足 / 1本, 2杯 / 何名さま　**3** ビールを 5本 飲みました。 / 2階に あります。 / 婦人服 売り場は どこですか。

写真を とって、送りました。

사진을 찍어 보냈습니다. (동사의 연결: 동사+て)

기본 표현

ケータイで 写真を とって、送りました。

케-타이데 샤싱오 톳떼 오꾸리마시따

휴대폰으로 사진을 찍어 보냈습니다.

ノートパソコンを 使って Eメールを 書きます。

노-또파소꽁오 츠깟떼 이-메-루오 카키마스

노트북을 사용하여 이메일을 씁니다.

眼鏡を かけて 車を 運転します。

메가네오 카께떼 쿠루마오 운뗑시마스

안경을 쓰고 차를 운전합니다.

顔を 洗って、朝ごはんを 食べました。

카오오 아랏떼 아사고항오 타베마시따

얼굴을 씻고 아침밥을 먹었습니다.

シャワーを 浴びて、湯船に 入ります。

샤와-오 아비테 유부네니 하이리마스

샤워를 하고 욕조에 들어갑니다.

● 동사에 て를 붙이면 어떤 동작이나 작용이 행해지는 것을 의미한다. 우리말로는 '~하여 / ~하고'라고 해석된다.

使(つか)って : 사용하여

眼鏡を かけて…

우리말은 '안경을 쓰다'라고 하는데 일본어에선 かける(걸다)라고 표현한다.

顔を 洗って、…

우리말에서도 '형식적으로 어떤 집단을 대표하는 사람'을 속어로 '얼굴마담 혹은 가오마담'이라고 하는 걸 들어보신 분은 쉽게 외울 수 있다.

シャワーを 浴びて

'샤워를 하다'는 'シャワーをする'가 아니라 'シャワーを浴(あ)びる'라고 표현하는 점에 주의할 것.

새로 나온 단어

とる 찍다
送(おく)る 보내다
ノートパソコン 노트북 컴퓨터(일 note personal computer)
E(イ-)メール 이메일(e-mail)
眼鏡(めがね) 안경
かける 걸다, 쓰다
車(くるま) 자동차

運転(うんてん) 운전
顔(かお) 얼굴
洗(あら)う 씻다, 청소하다
朝(あさ)ごはん 아침밥
シャワー 샤워(shower)
浴(あ)びる 끼얹다
湯船(ゆぶね) 욕조
入(はい)る 들어가다

옷, 액세서리 등의 착용 표현

옷	입다	벗다
상의, 한 벌	ワイシャツを 着る 와이셔츠를 입다	スーツを ぬぐ 정장을 벗다
하의, 양말, 신발	ズボンを はく 바지를 입다	スカートを ぬぐ 치마를 벗다

⇒ 상의나 아래위 한 벌의 옷을 입을 때는 着(き)る, 하의나 양말, 신발을 신을 때는 はく를 씁니다. 벗을 때는 둘 다 ぬぐ를 쓰면 됩니다.

〈액세서리〉	입다	벗다	
모자 ぼうし	かぶる 쓰다	ぬぐ	벗다
안경 めがね	かける 쓰다		벗다
넥타이 ネクタイ	絞める 매다	外す	풀다
반지 ゆびわ	はめる 끼다		빼다
목걸이 (귀걸이) ネックレス	つける 하다		풀다

⇒ 넥타이, 반지, 목걸이, 귀걸이 등을 착용할 때는 する라고도 합니다. 벗을 때 쓰는 外(はず)す 대신에 とる를 쓰기도 합니다.

동사 + て(で)형의 여러 가지 활용

동사+て(で)는 '~하여, ~하고'라는 의미로 한 동작을 끝내지 않고 다른 동작으로 이어질 때 사용합니다. 그 중 1그룹 동사의 경우 동사 끝 글자에 따라 독특한 음의 변화가 있는데 이를 음편현상이라 합니다. 음편현상은 글자 그대로 발음상의 편리를 위해 생긴 것입니다. 음편 현상은 1그룹 동사 뒤에 て 이외에 た, たり가 올 때도 생깁니다. 우선 이번 과에서는 그룹별 동사+て형을 어떻게 만드는지 배워봅시다.

그룹	변화 형태	동사 기본형	동사+て형
1그룹 동사	う つ　→　っ＋て る	買(か)う 사다 待(ま)つ 기다리다 ある 있다	→	買(か)って 사고 待(ま)って 기다리고 あって 있고
	ぬ ぶ　→　ん＋で む	死(し)ぬ 죽다 飛(と)ぶ 날다 読(よ)む 읽다	→	死(し)んで 죽고 飛(と)んで 날고 読(よ)んで 읽고
	く　→　い＋て ぐ　→　い＋で	聞(き)く 듣다 泳(およ)ぐ 헤엄치다	→	聞(き)いて 듣고 泳(およ)いで 헤엄치고
	す　→　し＋て	押(お)す 누르다	→	押(お)して 누르고
2그룹 동사	い・え단+る →　る삭제+て	起(お)きる 일어나다 食(た)べる 먹다	→	起(お)きて 일어나고 食(た)べて 먹고

3그룹 동사	する 하다 来(く)る 오다	→	して 하고 来(き)て 오고

예외 1그룹 동사 : 형태는 2그룹 동사인데 사실은 1그룹 동사

예외 1그룹 동사	る → っ + て	帰(かえ)る 돌아가다 切(き)る 자르다 入(はい)る 들어가다 要(い)る 필요하다 走(はし)る 달리다	→	帰(かえ)って 돌아가고 切(き)って 자르고 入(はい)って 들어가고 要(い)って 필요하고 走(はし)って 달리고

⇒ 예외 1그룹 동사 구별법

　2그룹 동사인 食(た)べる를 보면 べ가 한자 밖으로 나와 있지만 예
외 1그룹 동사인 帰(かえ)る를 보면 え가 한자 밖으로 나와 있지 않
습니다. 즉, 2그룹 동사는 い단이나 え단이 한자 밖으로 나와 있고
1그룹 동사는 끝소리 る를 빼고는 모두 들어가 있습니다. 이런 차이
로 구별하면 좀 쉽죠?

この 川を 泳いで 渡りました。

코노 카와오 오요이데 와타리마시따

이 강을 헤엄쳐서 건넜습니다.

友だちと 食事を してから、飲みに 行きました。

토모다찌또 쇼꾸지오 시떼까라 노미니 이끼마시따

친구와 식사를 한 후에 술 마시러 갔습니다.

歯を みがいてから、寝ます。

하오 미가이떼까라 네마스

이를 닦고 나서 잡니다.

女 : ゴールデンウィークには どこか 行きましたか。

고-루뎅위-꾸니와 도꼬까 이끼마시따까

男 : 沖縄に 行って、魚を 食べて、それから 浜辺で 遊びました。

오키나와니 잇떼 사까나오 타베떼 소레까라 하마베데 아소비마시따

女 : そうですか。何で 行きましたか。

소-데스까 나니데 이끼마시따까

男 : 船で 行って、飛行機で 帰りました。

후네데 잇떼 히꼬-끼데 카에리마시따

女 : 골든위크에는 어딘가 갔었어요?

男 : 오키나와에 가서 생선을 먹고, 그 다음에 해변에서 놀았습니다.

女 : 그래요? 무엇으로 갔어요?

男 : 배로 갔다가 비행기로 돌아왔습니다.

この 川を 泳いで 渡りました

기본형이 泳(およ)ぐ라서 て와 연결되면 탁점(˝)이 て에 붙게 된다.

遊(あそ)ぶ(놀다) → 遊(あそ)んで(놀고)

友だちと 食事を して から、…

~て から는 동사 て형에 から를 붙인 것으로 '~하고 나서', '~한 후에' 라는 뜻이다. 주로 앞의 행동에 초점을 두어 더 중요하다는 뉘앙스를 풍긴다.

電話を かけてから 行きます。 전화를 걸고 나서 가겠습니다.

새로 나온 단어

泳(およ)ぐ 헤엄치다, 수영하다
渡(わた)る 건너다
食事(しょくじ) 식사
歯(は) 이, 치아
磨(みが)く 닦다
ゴールデンウィーク 일본의 황금연휴
どこか 어딘가
沖縄(おきなわ) 오키나와(일본 남부

의 현)
魚(さかな) 생선
それから 그러고 나서, 그 다음에
浜辺(はまべ) 해변
何(なに)で 무엇으로
船(ふね) 배, 선박
飛行機(ひこうき) 비행기

ゴールデンウィーク 골든위크, 황금연휴

매년 4월 말에서 5월 초까지 다음 공휴일이 끼어 있는 일주일 휴일을 말합니다. 일본에서는 국경일이 일요일과 겹치면 그 다음날인 월요일이 휴일이 되며, 휴일과 휴일 사이에 있는 평일을 쉬기도 하기 때문에 골든위크 기간은 매년 약간씩 달라집니다. 골든위크는 지정된 연휴는 아니므로 회사에 따라 쉬는 날이 조금씩 다릅니다.

4월 29일 쇼와의 날(昭和の日) 쇼와텐노의 탄생일

* 쇼와텐노 : 1926~1988년까지의 텐노, 1989년부터 2018년까지는 平成(へいせい)시대, 2019년부터는 令和(れいわ) 시대.

5월 1일 노동절(メーデー / 労働(者)の日)

* 공휴일은 아니지만 많은 기업에서 휴일로 지정

5월 3일 헌법 기념일(憲法記念日)

5월 4일 초록의 날(みどりの日) 식목일

5월 5일 어린이날(こどもの日)

何(なに)で 行きましたか

여기서 で는 '~으로(~을 타고)'라는 뜻으로 교통수단, 방법을 나타낸다. 何で는 なにで와 なんで 두 가지로 읽을 수 있다. 하지만 なんで는 보통 '무엇 때문에, 왜, 어째서'라는 뜻으로 쓰인다. 이 경우 なんで와 なぜ는 같은 뜻이다.

1 다음 문장을 해석하세요.

1. シャワーを 浴びて、湯船に 入ります。

   _____

2. この 川を 泳いで 渡りました。

   _____

3. 歯を みがいてから、寝ます。

   _____

2 다음 빈칸을 채우세요.

1. 写真を _____、送りました。

   사진을 찍어 보냈습니다.

2. ノートパソコンを _____ Eメールを 書きます。

   노트북을 사용하여 이메일을 씁니다.

3. 顔を _____、朝ごはんを 食べました。

   얼굴을 씻고 아침밥을 먹었습니다.

3 다음 문장을 일본어로 만드세요.

1. 안경을 쓰고 차를 운전합니다. _____

2. 배로 갔다가 비행기로 돌아왔습니다 _____

3. 식사를 한 후에 술 마시러 갔습니다. _____

---

1 샤워를 하고 욕조에 들어갑니다. / 이 강을 헤엄쳐서 건넜습니다. / 이를 닦고 나서
잡니다. **2** とって / 使って / 洗って **3** 眼鏡を かけて 車を 運転します。/
船で 行って、飛行機で 帰りました。/ 食事を してから、飲みに 行きました。

Day 17

ネットで 検索して います。
인터넷에서 검색하고 있습니다.
진행과 상태(~て いる) 표현

 기본 표현

彼女と つきあって います。

카노죠또 츠끼앗떼 이마스

그녀와 사귀고 있습니다.

ネットで 検索して います。

넷또데 켄사쿠시떼 이마스

인터넷에서 검색하고 있습니다.

まだ 結婚して いません。

마다 켁꼰시떼 이마셍

아직 결혼하지 않았어요.

全部 忘れて いました。

젬부 와스레떼 이마시따

전부 잊고 있었습니다.

鶴ちゃんは ショッピングモールで 働いて います。

츠루짱와 숍핑구모―루데 하타라이테 이마스

츠루양은 쇼핑몰에서 일하고 있습니다.

あの 女性を 知って いますか。

아노 죠세―오 싯떼 이마스까

저 여성을 알고 있습니까?

～て いる ～하고 있다

～て いる는 '～하고 있다'는 뜻으로 현재 신행 숭의 농식이나 상태를 나타내는 말이다. 정중하게 말할 때는 ～て います라고 하며 '～하고 있습니다'라는 뜻이다.

　テニスを している。테니스를 하고 있다. [현재 진행 동작]

　車(くるま)が 止(と)まっている。차가 멈춰 있다. [현재 상태]

まだ 結婚して いません

'결혼했어요'라고 말할 때는 結婚して います라고 표현한다. 결혼해서 현재도 살고 있는 상태이기 때문에 현재진행형으로 쓰는 것이다. 結婚しました라고 하면 과거에 결혼했었다는 뜻이 되므로 주의할 것. 언제 결혼했냐고 물을 때는 いつ 結婚しましたか라고 할 수 있다.

　A : あなたは 結婚(けっこん)して いますか。당신은 결혼하셨어요?

　B : ええ、結婚して います。예, 결혼했어요.

　A : いつ 結婚しましたか。언제 결혼하셨어요?

　B : 10年前(ねんまえ)に 結婚しました。10년 전에 결혼했어요.

새로 나온 단어

つきあう　사귀다, 교제하다	忘(わす)れる　잊다
～て います　～하고 있습니다	ちゃん　어린이, 여성에게 쓰는 애칭
ネット(インターネット)　인터넷(net)	ショッピングモール　쇼핑몰
検索(けんさく)する　검색하다	(shopping mall)
まだ　아직	働(はたら)く　일하다, 근로하다
結婚(けっこん)　결혼	知(し)る　알다
すっかり　완전히, 남김없이	

知って いますか

'알고 있습니다'는 知(し)って います라고 현재진행형을 사용한다. 우리말로는 '압니다'라고 하는 것이 더 자연스럽지만 일본어를 직접 느끼기 쉽게 해석했다. 그런데 '모릅니다'는 知(し)りません이라고 하며 知(し)って いません이라 하면 안 됨. 촉음을 확실히 발음하지 않으면 しています(하고 있습니다)처럼 들리니 요주의.

正解(せいかい)を 知(し)って います。 정답을 알고 있습니다.

詳(くわ)しいことは 知(し)りません。 자세한 것은 모릅니다.

GO! 실전 표현

男: 有野(ありの)さんは 今(いま) 何(なに)を して いますか。
아리노상와 이마 나니오 시떼 이마스까

女: 池袋(いけぶくろ)の 会社(かいしゃ)に 通(かよ)って います。
이케부쿠로노 카이샤니 카욧떼 이마스

男: じゃ、どこに 住(す)んで いますか。
쟈 도코니 슨데 이마스까

女: 葛飾区(かつしかく)に 住(す)んで います。ひとりぐらしです。
카츠시카꾸니 슨데 이마스. 히또리구라시데스

男 : 아리노 씨는 지금 무슨 일을 하시나요?
女 : 이케부쿠로의 회사에 다니고 있어요.
男 : 그럼 어디에서 사십니까?
女 : 카츠시카 구에 살고 있습니다. 혼자서 살아요.

A : ドアの かぎを しっかり かけましたか。

도아노 카기오 식까리 카케마시따까

B : はい、かぎが かかって います。

하이 카기가 카깟떼 이마스

A : 窓が 開けて あるから 閉めて ください。

마도가 아께떼 아루까라 시메떼 쿠다사이

B : はい、分かりました。

하이 와까리마시따

A : 문 열쇠를 확실히 잠갔습니까?
B : 네, 잠겨 있습니다. (상태)
A : 창문이 열려 있으니까 닫아 주세요. (상태)
B : 예, 알겠습니다.

何を して いますか

지금 현재 하고 있는 동작을 물을 때도 사용하지만 현재 무슨 직업을 갖고 있는지 물을 때도 사용할 수 있다.

どこに 住んで いますか

장소를 나타낼 때는 に나 で를 사용한다. 住(す)んでいますか。에서 회화에선 い를 생략하고 발음할 수도 있다.

상태와 진행 표현

자동사에는 ている형태만 온다. 타동사에는 ている、てある 두 가지가
올 수 있다.

① 자동사+て いる : 상태 또는 진행

ロボットが 動(うご)いて いる。(진행) 로봇이 움직이고 있다.

店(みせ)が 開(あ)いて いる。(상태) 가게가 열려 있다.

●참고● 開(あ)く : 열리다

② 타동사+て いる : 진행

パンを 食(た)べて いる。빵을 먹고 있다.

小説(しょうせつ)を 書(か)いています。소설을 쓰고 있습니다.

③ 타동사+て ある : 상태

窓(まど)が 開(あ)けて あります。창문이 열려 있습니다.

テーブルに 一万円札(いちまんえんさつ)が 置(お)いて あります。
테이블에 1만 엔짜리 지폐가 놓여 있습니다.

새로 나온 단어

池袋(いけぶくろ) 이케부쿠로, 도쿄
의 지역
通(かよ)う 다니다, 왕래하다
住(す)む 거주하다
葛飾区(かつしかく) 도쿄의 카츠시
카 구

一人暮(ひとりぐ)らし 독신 생활
かぎを かける 열쇠를 잠그다
しっかり 확실히
開(あ)ける 열다
閉(し)める 닫다

1 다음 문장을 해석하세요.

1. ネットで 検索して います. _____

2. 全部 忘れて いました.

_____

3. ドアの かぎを しっかり かけましたか.

_____

2 다음 빈칸을 채우세요.

1. 彼女と _____ 。

그녀와 사귀고 있습니다.

2. まだ _____ 。

아직 결혼하지 않았어요.

3 다음 문장을 일본어로 만드세요.

1. 쇼핑몰에서 일하고 있습니다. _____

2. 잠겨 있습니다. _____

3. 저 여성을 알고 있습니까? _____

---

1 인터넷에서 검색하고 있습니다. / 전부 잊고 있었습니다. / 문 열쇠를 확실히 잠갔습니까?　**2** つきあっています / 結婚していません　**3** ショッピングモールで 働いています. / かぎが かかっています. / あの女性を 知っていますか.

ぼくと 付き合って ください。

저와 사귀어 주세요.
부탁, 요청의 표현(~て ください)

기본 표현

頑張って ください!

감밧떼 쿠다사이

힘내세요!

やめて ください!

야메떼 쿠다사이

그만하세요!

ちょっと 待って ください。

촛또 맛떼 쿠다사이

좀 기다려 주세요.

ゆっくり 歩いて ください。

육꾸리 아루이떼 쿠다사이

천천히 걸어 주세요.

ぼくと 付き合って ください。

보쿠또 츠키앗떼 쿠다사이

저와 사귀어 주세요.

もう 一度 キスして ください。

모- 이찌도 키스시떼 쿠다사이

한 번 더 키스해 주세요.

ください와 ~て ください

ください는 뭔가를 달라고 요청하는 말이며, ~て ください는 어떤 행위를 해 달라고 부탁하거나 정중하게 명령하는 말이다.

요청 : この 時計(とけい)を ください。 이 시계를 주세요.
부탁 : 魔法(まほう)を 見せて ください。 마법을 보여 주세요.
명령 : 静(しず)かに して ください。 조용히 해 주세요.

やめて ください

나에게 불쾌한 행동을 하는 사람에게 제지하는 표현. 정중하게 말하면 おやめ ください라고 한다.

頑張って ください

상대방을 격려하고 응원할 때 너무나 자주 쓰는 표현이다. 직역하면 '끝까지 노력해 주세요'라는 뜻이지만 '힘내세요'라고 해석하면 된다. 친한 사이에선 頑張って。 頑張ってね。 頑張れよ。 라고 말할 수 있다.

ちょっと 待って ください

그냥 "좀 기다려주세요."라는 평범한 표현이다. 정중하게 말하고 싶으면 少々(しょうしょう)お待(ま)ちください。라고 한다.

새로 나온 단어

頑張(がんば)る 분발하다, 끝까지 노력하다

~て ください ~해 주세요

やめる 그만두다

ちょっと 조금, 잠깐

ゆっくり 천천히

歩(ある)く 걷다

付(つ)き合(あ)う 사귀다, 교제하다

一度(いちど) 한 번

キスする 키스(kiss)하다

もう 一度 キスして ください

우리말로는 '한 번 더'라고 하는데 일어로는 거꾸로 もう 一度가 된다.

 GO! 실전 표현

男 : お願いが あります。
ねが

오네가이가 아리마스

女 : 何ですか。
なん

난데스까

男 : あのー、ぼくの恋人に なってください。
こいびと

아노- 보꾸노 코이비또니 낫떼 쿠다사이

女 : じゃ、私を 大事に すると 約束して くだ
わたし だいじ   やくそく
さい。

쟈 와타시오 다이지니 스루또 야꾸소꾸시떼 쿠다사이

男 : 分かりました。約束しますよ。
わ   やくそく

와까리마시따. 야꾸소꾸시마스요

女 : では、我々は 今日から 恋人ですね。
われわれ きょう こいびと

데와 와레와레와 쿄-까라 코이비또데스네

男 : 부탁이 있습니다.

女 : 뭡니까?

男 : 저-, 제 애인이 되어 주세요.

女 : 그럼 저를 소중히 하겠다고 약속해 주세요.

男 : 알겠습니다. 약속할게요.

女 : 그럼 우리는 오늘부터 애인이네요.

A : お金を 貸して ください。

오카네오 카시떼 쿠다사이

B : それは こまります。

소레와 코마리마스

私も 金持ちでは ありません。

와타시모 카네모찌데와 아리마센

A : 돈을 빌려 주세요.

B : 그건 곤란합니다. 저도 부자가 아닙니다.

C : 早く 日本語が 上手になりたいです。

하야꾸 니홍고가 죠-즈니 나리타이데스

助けて ください。

타스께떼 쿠다사이

D : じゃ、これから 教えて あげます。

쟈 코레까라 오시에떼 아게마스

C : 빨리 일본어에 능숙해 지고 싶어요. 도와주세요.

D : 그럼 이제부터 가르쳐 주겠습니다.

あの〜

'저, 저...'라는 뜻으로 말을 걸 때나 말문이 막힐 때, 또는 하기 힘든 말을 꺼낼 때 하는 소리이다. あのう라고 길게 쓰기도 한다.

　あの−、じつは…。저, 실은….

私を 大事に すると…

すると는 '〜하게 되면/ 〜한다고' 이렇게 두 가지 의미가 있다. 일본어에는 미래형이 없으므로 여기서는 '하겠다고'라는 뜻.

それは こまります

온건하게 거절하는 표현이다. 좀 더 거친 표현은 ダメです(안 됩니다), いやです(싫습니다)라고 한다.

これから 教えて あげます

이제부터 또는 지금부터를 これから라고 하는 경우가 많다.

새로 나온 단어

お願(ねが)い　부탁	こまる　곤란하다
約束(やくそく)　약속	金持(かねも)ち　부자
我々(われわれ)　우리	助(たす)ける　돕다, 도와주다
貸(か)す　빌려주다	教(おし)える　가르치다

1 다음 문장을 해석하세요.

1. もう 一度 キスして ください。

_____

2. 私を 大事に すると 約束して ください。

_____

3. やめて ください!

_____

2 다음 빈칸을 채우세요.

1. ちょっと _____ ください。
   좀 기다려 주세요.

2. 恋人に _____ ください。
   애인이 되어 주세요.

3. お金を _____ ください。
   돈을 빌려 주세요.

3 다음 문장을 일본어로 만드세요.

1. 저와 사귀어 주세요. _____

2. 힘내세요. _____

3. 도와주세요. _____

1 한 번 더 키스해 주세요. / 저를 소중히 하겠다고 약속해 주세요. / 그만두세요!
2 待って / なって / 貸して **3** ぼくと 付き合って ください。 / がんばって
ください。 / 助けて ください。

掃除を しないで 逃げました。
청소를 하지 않고 달아났습니다.
동사 부정표현(동사+ない)

 기본 표현

弟 は 掃除を しないで 逃げました。
오토-또와 소-지오 시나이데 니게마시따
남동생은 청소를 하지 않고 달아났습니다.

くさいから タバコを すわないで ください。
쿠사이까라 타바꼬오 스와나이데 쿠다사이
냄새나니까 담배를 피우지 마세요.

お酒を 飲まないで 運動を して ください。
오사께오 노마나이데 운도-오 시떼 쿠다사이
술을 마시지 말고 운동을 하세요.

今日は 逃げないで、掃除を して ください。
쿄-와 니게나이데 소-지오 시테 쿠다사이
오늘은 도망가지 말고 청소를 하세요.

ここは 駐車禁止なので、車を 止めないで ください。
코꼬와 츄-샤 낀시나노데 쿠루마오 토메나이데 쿠다사이
여기는 주차금지니까 차를 세우지 말아주세요.

おそくまで ゲームを しないで、はやく 寝て ください。
오소꾸마데 게-무오 시나이데 하야꾸 네테 쿠다사이
늦게까지 게임을 하지 말고 일찍 자세요.

掃除を しないで …

する의 부정은 しない이다. 이것은 2개밖에 없는 불규칙동사이므로 외워두면 된다. 불규칙이지만 가장 중요한 동사이다.

タバコを すわないで…

1그룹동사에 ない를 붙여 부정하려면 동사 끝 글자 う단을 あ단으로 바꾸고 ない를 붙인다.

　すう(suu) → すわない(suwa + nai)

今日は 逃げないで、…

逃(に)げる는 2그룹동사이므로 る만 빼고 ない를 붙이면 된다. 그래서 쉬운 편이다.

동사의 ない 부정형

동사+ない는 '~지 않다'라는 뜻입니다. 1그룹 동사의 경우 동사 끝 글자 う단을 あ단으로 바꾸고 ない를 붙이며 2그룹 동사는 끝 글자 る를 없애고 바로 ない를 붙입니다. 3그룹 동사는 불규칙활용을 하므로 외우세요.

새로 나온 단어

弟(おとうと) 남동생	吸(す)う (담배)피우다, 빨아들이다
掃除(そうじ) 청소	運動(うんどう) 운동
～ないで ～않고	駐車禁止(ちゅうしゃきんし) 주차금지
逃(に)げる 달아나다, 도망치다	止(と)める 멈추다, 세우다
くさい 냄새나다, 구리다	遅(おそ)くまで 늦게까지
煙草(たばこ) 담배	ゲーム 게임(game)

그룹	변화 형태	동사 기본형	동사+ない형
1그룹 동사	끝 글자 → あ단 +ない	会う 만나다 話す 말하다 → 待つ 기다리다	会わない 만나지 않다 話さない 말하지 않다 待たない 기다리지 않다
2그룹 동사	い·え단+る → る삭제+ない	見る 보다 → 食べる 먹다	見ない 보지 않다 食べない 먹지 않다
3그룹 동사	불규칙	する 하다 → 来る 오다	しない 하지 않다 来ない 오지 않다

동사 + ないで ～하지 않고

동사+ないで는 '～하지 않고'라는 의미로 어떤 동작을 하지 않고 다른 동작으로 이어줄 때 사용합니다.

本(ほん)を 見(み)ないで 書(か)きます。책을 보지 않고 씁니다.

宿題(しゅくだい)も しないで、遊(あそ)びました。숙제도 하지 않고 놀았습니다.

バスに 乗(の)らないで 歩(ある)きます。버스를 타지 않고 걷습니다.

メールを 書(か)かないで 電話(でんわ)を しました。메일을 쓰지 않고 전화를 했습니다.

동사 + ないで ください ～하지 마세요

정중한 금지를 나타내는 표현입니다. 비슷한 표현으로 ないで ほしい, ないで ちょうだい 등이 있습니다. 친한 사이나 아랫사람에게는 ください를 떼고 ないで(～하지 말아줘)만으로 말합니다.

車内(しゃない)では 通話(つうわ)しないでください。차내에선 통화하지 마세요.

私を 捨(す)てないでね。나를 버리지 말아줘.

男 : あのー、すみませんが。

아노 스미마셍가

女 : はい、何(なん)なんですか。

하이 난데스까

男 : ここでは キスとか いちゃいちゃは しな
いで ください。

코꼬데와 키스또까 이챠이챠와 시나이데 쿠다사이

女 : なぜですか。

나제데스까

男 : 子供(こども)の 教育上(きょういくじょう)、よくないからです。

코도모노 쿄-이꾸죠- 요꾸나이까라데스

女 : あ、そうですか。すみませんでした。

아、 소-데스까 스미마센데시다

男 : 저, 실례합니다만.
女 : 예, 무슨 일이십니까?
男 : 여기에서는 키스라든가 지나친 애정행위는 하지 말아주세요.
女 : 왜요?
男 : 어린이 교육상 좋지 않으니까요.
女 : 아, 그렇습니까? 실례했습니다.

よくないですから

형용사 いい(좋다)를 부정하면 よくない가 된다.

~が、~ ~이지만, ~인데

접속사 역할을 하는 접속조사 が는 역접과 순접에 모두 사용된다.

囲碁(いご)は 難(むずか)しいが、とても面白(おもしろ)い。 바둑은
어렵지만 아주 재미있다.

ベトナム料理(りょうり)を 食(た)べてみたが、美味(おい)しかったよ。
베트남 요리를 먹어봤는데 맛있었어.

원인, 이유를 나타내는 から・ので

원인이나 이유를 나타내는 から와 ので는 둘 다 '~이기 때문에, ~이니
까'라는 뜻입니다. 주관적인 판단을 말할 때는 から를 선호합니다. の
で는 객관적인 이유를 말할 때 사용되는 경향이 있으며, 아래 예문의 경
우 일이 있어서 미안하지만 어쩔 수 없이 실례하겠다는 의미가 담겨 있
습니다.

暑(あつ)いから、 窓(まど)を開(あ)けました。 더우니까 창문을 열
었습니다.

用事(ようじ)が あるので、そろそろ 行(い)きます。 볼일이 있으므로
슬슬 가겠습니다.

⌐ 새로 나온 **단어**

キス 키스(kiss)	教育上(きょういくじょう) 교육상
いちゃいちゃ 눈에 거슬릴 정도의 애정	よくない 좋지 않다
행위(약간 속어)	

① ～ から : ～ 때문에, ～이니까

접속 형태	기본형	+ から
명사+だ	夏<ruby>なつ</ruby>だ 여름이다	夏<ruby>なつ</ruby>だから 여름이니까
い형용사 기본형	安<ruby>やす</ruby>い 싸다	安<ruby>やす</ruby>いから 싸니까
な형용사 기본형	爽<ruby>さわ</ruby>やかだ 상쾌하다	爽<ruby>さわ</ruby>やかだから 상쾌하니까
동사 기본형	行<ruby>い</ruby>く 가다	行<ruby>い</ruby>くから 갈 테니까
부정의 ない	行<ruby>い</ruby>かない 가지 않다	行<ruby>い</ruby>かないから 가지 않을 테니까
과거의 た	行<ruby>い</ruby>った 갔다	行<ruby>い</ruby>ったから 갔으니까

② ～ ので : ～ 때문에, ～이니까

접속 형태	기본형	+ ので
명사+だ	夏<ruby>なつ</ruby>だ 여름이다	夏<ruby>なつ</ruby>なので 여름이므로
い형용사 기본형	安<ruby>やす</ruby>い 싸다	安<ruby>やす</ruby>いので 싸니까
な형용사 명사수식형	爽<ruby>さわ</ruby>やかな 상쾌한	爽<ruby>さわ</ruby>やかなので 상쾌하므로
동사 기본형	行<ruby>い</ruby>く 가다	行<ruby>い</ruby>くので 갈 테니까
부정의 ない	行<ruby>い</ruby>かない 가지 않다	行<ruby>い</ruby>かないので 가지 않을 테니까
과거의 た	行<ruby>い</ruby>った 갔다	行<ruby>い</ruby>ったので 갔으니까

⇒ 명사 뒤에 ので가 올 때는 夏だので가 아니라 夏なので가 됩니다.

1 다음 문장을 해석하세요.

1. お酒を 飲まないで 運動を して ください。

_____

2. 弟は 掃除を しないで 逃げました。

_____

3. 今日は 逃げないで、掃除を して ください。

_____

2 다음 빈칸을 채우세요.

1. たばこを _____ ください。

담배를 피우지 마세요.

2. ゲームを _____ 、はやく 寝て ください。

게임을 하지 않고 일찍 자세요.

3. 車を _____ ください。

차를 세우지 말아주세요.

3 다음 문장을 일본어로 만드세요.

1. 키스를 하지 마세요. _____

2. 실례했습니다. _____

3. 교육상 좋지 않으니까요. _____

1 술을 마시지 말고 운동을 하세요. / 남동생은 청소를 하지 않고 달아났습니다. / 오늘은 도망가지 말고 청소를 하세요. **2** すわないで / しないで / 止めないで **3** キスを しないでください。 / すみませんでした。 / 教育上、よくないからです。

Day 20

食堂で トンカツを 食べた。
식당에서 돈까스를 먹었다.
동사의 과거 た형(반말체)

기본 표현

大^{おお}通^{どお}りで 友^{とも}だちに 会^あった。

오-도-리데 토모다찌니 앗따

큰 길에서 친구를 만났어.

暑^{あつ}くて 川^{かわ}で 泳^{およ}いだ。

아츠구떼 카와데 오요이다

더워서 강에서 헤엄쳤다.

私^{わたし}の 可愛^{かわい}い 犬^{いぬ}が 死^しんだ。

와타시노 카와이- 이누가 신다

내 귀여운 개가 죽었다.

食堂^{しょくどう}で トンカツを 食^たべた。

쇼쿠도-데 톤까쯔오 타베따

식당에서 돈까스를 먹었다.

私^{わたし}たちの 関係^{かんけい}に ついて 考^{かんが}えた。

와타시타찌노 캉께-니 츠이떼 캉가에따

우리 관계에 관해서 생각했어.

カメラマンの 澄枝^{すみえ}さんに 撮影^{さつえい}を 頼^{たの}んだ。

카메라만노 스미에상니 사츠에-오 타논다

카메라맨인 스미에 씨에게 촬영을 부탁했다.

友だちに 会った

'누구를 만났다'라고 하면 '를'은 일어로 으레 'を'라고 생각하기 쉽지만 'に'라고 하는 점에 주목해야 합니다. 일어 조사는 은근히 어렵다.

※ ～に 会う와 ～と 会う
～に 会う(～을/를 만나다) : 우연히 만나게 된 느낌
～と 会う(～와/과 만나다) : 약속한 장소에 가서 만났다는 느낌
⇒ 두 표현은 약간의 차이가 있지만 바꿔서 사용해도 괜찮다.
　道(みち)で ばったり 友だちに 会った。 길에서 친구와 딱 마주쳤다.
　待(ま)ち合(あ)わせの 場所(ばしょ)で 友だちと 会った。 약속장소
　에서 친구와 만났다.

…川で 泳いだ

기본형은 泳(およ)ぐ인데 ぐ의 탁점이 だ로 이동한 셈이다.

トンカツを 食べた

우리도 즐겨 먹는 돈까스는 일본식 서양요리인데, トンカツ는 '豚(돼지돈)+cutlet(얇게 저민 고기)'의 합성어이다.

새로 나온 단어

大通(おおどお)り	큰 길, 넓은 도로	トンカツ	돈까스
暑(あつ)い	덥다	関係(かんけい)	관계
泳(およ)ぐ	헤엄치다, 수영하다	～に ついて	～에 관하여
可愛(かわい)い	귀엽다, 사랑스럽다	カメラマン	카메라맨(남녀 무관)
死(し)ぬ	죽다	撮影(さつえい)	촬영
食堂(しょくどう)	식당	頼(たの)む	부탁하다, 의뢰하다

関係に ついて 考えた

~に ついては '~에 관하여'라고 해석하는 것이 좋다. 왜냐하면 '~에 대하여'는 ~に 対(たい)して인데 '~를 상대하여' '~를 향하여'라는 뜻이다.

課長(かちょう)は部下(ぶか)に対(たい)して寛大(かんだい)だ。
과장님은 부하에 대하여 관대하다.

동사 + た(だ)형 활용하기

동사+た(だ)는 '~했다'라는 의미의 동사의 과거형입니다. 동사+て형의 활용법과 같습니다.

	변화 형태		동사 기본형		동사+た형
1그룹 동사	う つ る	→ っ+た	会う 만나다 待つ 기다리다 乗る 타다	→	会った 만났다 待った 기다렸다 乗った 탔다
	ぬ ぶ む	→ ん+だ	死ぬ 죽다 遊ぶ 놀다 飲む 마시다	→	死んだ 죽었다 遊んだ 놀았다 飲んだ 마셨다
1그룹 동사	く → い+た ぐ → い+だ		泣く 울다 急ぐ 서두르다	→	泣いた 울었다 急いだ 서둘렀다
	す → し+た		暮らす 살다	→	暮らした 살았다
2그룹 동사	い·え단+る → る삭제+た		見る 보다 食べる 먹다	→	見た 봤다 食べた 먹었다
3그룹 동사	불규칙		する 하다 来る 오다	→	した 했다 来た 왔다

예외 1그룹 동사 : 형태는 2그룹 동사인데 사실은 1그룹 동사

예외 1그룹 동사	る → っ+た	帰(かえ)る 돌아가다	→	帰った 돌아갔다
		切(き)る 자르다		切った 잘랐다
		入(はい)る 들어가다		入った 들어갔다
		要(い)る 필요하다		要った 필요했다
		走(はし)る 달리다		走った 달렸다

GO! 실전 표현

A : 彼女(かのじょ)と また 喧嘩(けんか)しちゃった。
카노죠또 마따 켕까시짯따

B : なぜ けんかしたの？
나제 켕까시따노

A : 最近(さいきん) 彼女(かのじょ)が 太(ふと)って デブに なったから。
사이킨 카노죠가 후톳떼 데부니 낫따까라

B : そんなに 太(ふと)ってるの？ 仲直(なかなお)りは した？
손나니 후톳떼루노 나까나오리와 시따

A : いや。まだ。後(あと)で 電話(でんわ)する。
이야 마다 아또데 뎅와스루

A : 여자 친구랑 또 싸우고 말았어.
B : 왜 싸웠어?
A : 요즘 그녀가 살이 쪄서 뚱녀가 되었으니까.
B : 그렇게 뚱뚱해? 화해는 했어?
A : 아니. 아직. 나중에 전화할 거야.

…喧嘩しちゃった

して しまう(해버리다, 하고 말다)의 구어체는 しちゃう가 되고 그 과거형
이 しちゃった이다.

종조사 の

종조사 の는 여성들이 주로 쓰며 '〜(이에)요, 〜거야, 〜이니?' 등의 뜻이다.

　どこまで　行(い)くの？　어디까지 가는 거야?

　いいえ、違(ちが)うね。　아니, 그렇지 않아.

太ってるの？

우리말로는 '살쪘다'라고 과거형으로 말하지만 살찐 것은 현재상태니까
이렇게 표현한다.

後で 電話する

여기의 する는 기본형이지만 현재가 아니라 미래를 나타낸다. 그래서
"나중에 전화할 거야."라는 뜻이 된다.

새로 나온 단어

喧嘩(けんか)　싸움, 다툼
~ちゃう(~て しまう)　~해버리다
太(ふと)る　살찌다, 뚱뚱해지다

デブ　(속어) 뚱뚱이, 뚱뚱함
仲直(なかなお)り　화해
まだ　아직

1 다음 문장을 해석하세요.

1. 澄枝さんに 撮影を 頼んだ。

_____

2. 私たちの関係に ついて 考えた。

_____

3. 彼女が 太って デブに なったから。

_____

2 다음 빈칸을 채우세요.

1. 大通りで 友だちに_____ 。

   큰 길에서 친구를 만났어.

2. 暑くて 川で _____ 。

   더워서 강에서 헤엄쳤다.

3. 私の可愛い 犬が_____ 。

   내 귀여운 개가 죽었다.

3 다음 문장을 일본어로 만드세요.

1. 식당에서 돈까스를 먹었다. _____

2. 여자 친구랑 또 싸우고 말았어. _____

3. 그렇게 뚱뚱해? _____

---

1 스미에 씨에게 촬영을 부탁했다. / 우리 관계에 관해서 생각했어. / 그녀가 살이 쪄서 뚱녀가 되었으니까. **2** 会った / 泳いだ / 死んだ **3** 食堂でトンカツを食べた。/ 彼女と また けんかしちゃった。/ そんなに 太ってるの？

映画は すごく よかった。
영화는 무척 좋았어. (い형용사의 과거형)

기본 표현

あの 公演は 観客が 少なかった。
こうえん　　　　かんきゃく　すく

아노 코-엔와 칸캬꾸가 스꾸나깟따

그 공연은 관객이 적었다.

映画は すごく よかった。
えいが

에-가와 스고꾸 요깟따

영화는 무척 좋았어.

彼女に ふられて 悔しかった。
かのじょ　　　　　　くや

카노쬬니 후라레떼 쿠야시깟따

그녀에게 차여서 분했어.

ちょっと つらかったです。

춋또 츠라깟따데스

좀 괴로웠어요.

今週は ずっと 忙しかったです。
こんしゅう　　　　　いそが

콘슈-와 즛또 이소가시깟따데스

이번 주는 계속 바빴습니다.

初デートは 別に 悪く なかった。
はつ　　　　　べつ　わる

하츠데-또와 베쯔니 와루꾸 나깟따

첫 데이트는 별로 나쁘지 않았어.

幸子は ださかったけど、最近 色っぽくなった。

<small>さちこ　　　　　　　　　　　　　　　さいきん いろ</small>

사치코와 다사깟따케도 사이킨 이롭뽀꾸 낫따

사치코는 촌스러웠지만 요즘 섹시해졌다.

映画はすごくよかった

내용을 강조하는 경우 すごく가 맞는 형태인데, 요즘 일본에선 すごい라고 말하는 사람이 많다.

彼女に ふられて 悔しかった

彼女는 '여자친구' 또는 '그녀'라고 해석할 수 있다. い형용사의 과거형은 かった인데 정중한 말투로 하려면 です를 붙이면 된다.

ちょっと つらかったです

ちょっと는 '조금, 약간, 잠깐, 언뜻' 등의 뜻으로 빈번히 사용되는 부사이다. 별 의미 없이 사용되기도 한다.

새로 나온 단어

公演(こうえん)　공연	ずっと　계속
少(すく)ない　적다	今週(こんしゅう)　이번 주
すごく　무척, 대단히	初(はつ)　첫, 처음
ふられる　차이다	デート　데이트(date)
悔(くや)しい　분하다, 억울하다	ださい　(속어) 촌스럽다
つらい　괴롭다	色(いろ)っぽい　섹시하다, 요염하다

ずっと 계속, 줄곧, 내내

오랫동안 계속되는 모양을 나타낸다.

きのうから ずっと 頭(あたま)が いたい。 어제부터 계속 머리가 아프다.

初(はつ)를 붙여서 만드는 말

初恋(はつこい) 첫사랑 / 初耳(はつみみ) 금시초문 / 初雪(はつゆ
き) 첫눈 / 初顔合(はつかおあ)わせ 첫대결, 첫모임

い형용사 과거(かった)·과거부정(く なかった)

い형용사의 과거형 '～ㅆ습니다'는 끝자리 い를 かった로 고치면 됩니다.
또한 과거부정 '～이 아니었습니다'는 い형용사의 부정 ～く ない의 끝
자리 い를 かった로 고치면 됩니다. 정중하게 말하려면 여기에 です를
붙입니다.

	현재	과거	과거부정
보통	うれしい 기쁘다	うれしかった 기뻤다	うれしく なかった 기쁘지 않았다
정중	うれしいです 기쁩니다	うれしかったです 기뻤습니다	うれしく なかったです 기쁘지 않았습니다

예외) いい의 과거형은 よかった, 과거부정형은 よくなかった입니다.

GO! 실전 표현

A:　この前(まえ)の 合(ごう)コンは どうでしたか？

코노 마에노 고-꽁와 도-데시따까

B： 会話も 楽しかったし、食べ物も よかったよ。

카이와모 타노시깟따시 타베모노모 요깟따요

A： それで、イケメンは いたんですか。

소레데 이케멘와 이딴데스까

B： いや、別に いなかったよ。

이야 베츠니 이나깟따요

A： そんな もんですよね。 손나몬데스요네

A : 요전 미팅은 어땠어요?
B : 대화도 즐거웠고 음식도 좋았어.
A : 그래서 멋있는 남자는 있었어요?
B : 아니, 별로 없었어.
A : 보통 그런 거겠지요.

일어 감각 키우는 문장 뜯어보기

会話も楽しかったし、

会話는 회화인데, 한국에선 영어회화처럼 외국어 말하기에 쓰인다. 일
어에선 우리보다 더 흔하게 사용하는 단어다. 둘 또는 그 이상의 사람들

새로 나온 단어

合(ごう)コン （合同[ごうどう])
company의 준말) 남녀 단체 미팅
会話(かいわ) 대화
楽(たの)しい 즐겁다

それで 그래서
イケメン 미남
別(べつ)に 별로, 그다지

이 대화하는 것을 말한다.

~し는 어떤 상태를 나열할 때 쓰인다. 동사·い형용사·な형용사의 기본형이나 명사 + だ의 뒤에 연결한다.

동사+し	まだ 働けるし 아직 일할 수 있고
い형용사+し	カレーは 美味しいし 카레는 맛있고
な형용사+し	電車が 便利だし 전철은 편리하고
い형용사 과거형+し	問題も なかったし 문제도 없었고

~んですか (~입니까?)

상대에게 보고 들은 상황에 대해 추가로 설명을 바라는 어감의 표현이다. 문장에서 사용하는 딱딱한 문체인 ~のですか가 회화에서는 간략한 발음으로 ~んですか라고 바뀐다. 동사나 い형용사의 경우는 기본형에 바로 연결하며, な형용사의 경우 끝소리 だ를 な로 바꾸고 ~んですか를, 명사의 경우 な를 붙이고 ~んですか를 연결하면 된다.

買(か)う → 買うんですか。사시나요？

いい → いいんですか。괜찮은가요？

きれいだ → きれいなんですか。예쁜가요？

雨 → 雨なんですか。비가 오나요？

イケメン – 꽃미님

얼굴이 잘 생긴 멋진 남자를 의미하는 イケメン은 '잘나간다, 멋있다'는 뜻의 いけてる와 '얼굴'을 나타내는 面(めん)(또는 영어의 men)이 합성된 신조어입니다. 우리말로는 '꽃미남'에 가까운 말이지요. 얼굴이 잘 생긴 것 뿐 아니라 스타일이 좋고 매력있는 남자를 말할 때 써요.

そんな もんですよね

(미팅은) 그런(실망하는 일이 많은) 거겠지요. 여러 가지 상황에서 가볍게 상대를 위로하는 말로 쓰인다.

1 다음 문장을 해석하세요.

1. 彼女に ふられて 悔しかった。

_____

2. 今週は ずっと 忙しかったです。

_____

3. 幸子は ださかったけど、最近 色っぽくなった。

_____

2 다음 빈칸을 채우세요.

1. ちょっと _____です。좀 괴로웠어요.

2. あの 公演は 観客が _____。

   그 공연은 관객이 적었다.

3. いや、別に _____。아니, 별로 없었어.

3 다음 문장을 일본어로 만드세요.

1. 영화는 무척 좋았어. _____

2. 첫 데이트는 별로 나쁘지 않았어.

   _____

3. 대화도 즐거웠고 음식도 좋았어 _____

1 그녀에게 차여서 분했어. / 이번 주는 계속 바빴습니다. / 사치코는 촌스러웠지만 요즘 섹시해졌다. **2** つらかった / 少なかった / いなかったよ **3** 映画はすごくよかった。/ 初デートは 別に悪く なかった。/ 会話も楽しかったし、食べ物もよかったよ。

Day 22

あなたと 一緒に いて 幸せだった。
당신과 함께 있어서 행복했어.
(な형용사 과거형)

 기본 표현

あなたと 一緒(いっしょ)に いて 幸(しあわ)せだった。

아나타또 잇쇼니 이떼 시아와세닷따

당신과 함께 있어서 행복했어.

介護(かいご)の 仕事(しごと)は 大変(たいへん)だった。

카이고노 시고토와 타이헨닷따

간병 일은 힘들었어.

北海道(ほっかいどう)の 野原(のはら)は 壮大(そうだい)だった。

혹카이도-노 노하라와 소-다이닷따

북해도의 벌판은 장대했다.

マッチを 売(う)る 少女(しょうじょ)は かわいそうでした。

맛찌오 우루 쇼-죠와 카와이소-데시따

성냥을 파는 소녀는 불쌍했어요.

弟(おとうと) は 善良(ぜんりょう)だったが、兄(あに)は いしわるでした。

오또-또와 젠료-닷따가 아니와 이지와루데시따

동생은 착했지만 형은 심술궂었습니다.

彼女(かのじょ)のワンピース姿(すがた)は おしゃれでした。

카노조노 완피-스 스가타와 오샤레데시따.

그녀의 원피스 모습은 멋있었습니다.

~と 一緒に ~와(과) 함께(같이)

사람을 나타내는 명사 뒤에 ~と いっしょに를 붙이면 '~와(과) 함께, ~와(과) 같이'라는 뜻이 된다. 友だちと いっしょに あそびます。(친구와 함께 놉니다.)

介護の 仕事は

介護는 환자나 고령자를 돌보거나 간호하는 것을 말한다. 평균수명이 늘어나면서 이에 종사하는 사람이 점점 늘고 있다.

大変だった

大変은 다양한 품사로 활용되는 편리한 말이다.
1) 중대한 사건(명사) それは大変だ。 그건 큰일이다. 2) 중대함, 엄청남, 힘겨움(な형용사) 大変な被害(ひがい) 엄청난 피해 3) 대단히(부사) 大変面白(おもしろ)い 무척 재미있다

おしゃれでした

おしゃれ는 '멋쟁이' 또는 '세련됨, 멋을 냄'이라는 의미이다.

새로 나온 **단어**

幸(しあわ)せだ 행복하다
介護(かいご) 병간호, 돌봄
大変(たいへん)だ 힘들다, 큰일이다
野原(のはら) 들판, 벌판
壮大(そうだい) 웅대, 장대함
マッチ 성냥(match)

可哀想(かわいそう)だ 불쌍하다, 가엾다
善良(ぜんりょう)だ 선량하다, 착하다
意地悪(いじわる)だ 심술궂다
ワンピース 원피스(one-piece)
姿(すがた) 모습, 차림, 형태
おしゃれ 멋쟁이, 세련됨

な형용사 과거(〜だった) · 과거부정(〜じゃ なかった)

な형용사의 과거형 '〜ㅆ습니다'는 끝자리 だ를 だった로 고치면 됩니다.
또한 과거부정 '〜이 아니었습니다'는 な형용사의 부정 〜じゃ(では) な
い를 〜じゃ(では) なかった라고 하면 됩니다. 정중하게 말하려면 〜だ
った의 경우 〜でした로, 〜じゃ(では) なかった의 경우 〜じゃ なかっ
たです나 〜では ありませんでした라고 합니다.

	현재	과거	과거부정
보통	しずかだ 조용하다	しずかだった 조용했다	しずかじゃ なかった 조용하지 않았다
정중	しずかです 조용합니다	しずかでした 조용했습니다	しずかではありませんでした しずかじゃ なかったです 조용하지 않았습니다

🔗 일본 속담

盗人(ぬすびと)にも 仁義(じんぎ)。
도둑에게도 의리와 예의가 있다.

鹿(しか)を逐(お)う者(もの)は山(やま)を見(み)ず。
사슴을 쫓는 자는 산을 보지 못한다.

正直(しょうじき)は阿呆(あほう)の異名(いみょう)。
정직은 바보의 다른 이름.

A : どんな 女性が 好きですか。

돈나 죠세-가 스키데스까

B : 上品で 癒し系の 人が ぼくの タイプです。

죠-힌데 이야시께-노 히또가 보꾸노 타이뿌데스

A : 前は 派手な タイプが 好きじゃ なかった？

마에와 하데나 타이뿌가 스끼쟈 나깟따

B : 好みが 変わったんです。

코노미가 카왓딴데스

A : 어떤 여성을 좋아해요?

B : 품위 있고 위로가 되는 사람이 제 타입입니다.

A : 전에는 화려한 타입을 좋아하지 않았나?

B : 취향이 바뀌었어요.

새로 나온 단어

上品(じょうひん)だ　고상하다, 품위 있다

癒(いや)し系(けい)　위로나 안식을 주는 타입(사람)

タイプ　(이상형)타입

派手(はで)だ　화려하다

好(この)み　취향, 기호

どんな

'어떤'이란 뜻으로 사람이나 사물의 성격이나 특징을 물을 때 사용한다.

ロシアは どんな 国(くに)ですか。 러시아는 어떤 나라인가요?

癒し系の人

癒し系란 신조어인데 함께 있으면 마음이 놓이고 고민을 잊을 수 있는
존재로서 보통 이성이나 애완동물, 음악 등을 가리킨다.

前は 派手な タイプが…

평범한 일본인은 내성적이라 화려한 것보다는 수수한 의복이나 스타일
을 선호한다. 수수하다는 地味(じみ)だ라고 한다.

📎 일본 속담

地獄(じごく)の沙汰(さた)も金次第(かねしだい)。
지옥에 가는 일도 돈으로 좌우된다.

親(した)しき仲(なか)にも礼儀(れいぎ)あり。
친한 사이에도 예의가 있다.

情(なさけ)は人(ひと)の為(ため)ならず。
인정을 베푸는 것은 남을 위해서 하는 것이 아니다.

1 다음 문장을 해석하세요.

1. あなたと 一緒に いて 幸せだった。

_____

2. 上品で 癒し系の 人が ぼくの タイプです。

_____

3. 前は 派手な タイプが 好きじゃ なかった？

_____

2 다음 빈칸을 채우세요.

1. 介護の 仕事は _____。 간병하는 일은 힘들었어.

2. 北海道の 野原は _____。
   북해도의 들판은 웅대했다.

3. 弟は _____,
   동생은 착했지만

3 다음 문장을 일본어로 만드세요.

1. 성냥을 파는 소녀는 불쌍했어요.

_____

2. 어떤 여성을 좋아해요? _____

3. 취향이 바뀌었다. _____

---

1 당신과 함께 있어서 행복했어. / 품위 있고 위로가 되는 사람이 제 타입입니다. / 전에는 화려한 타입을 좋아하지 않았나? **2** 大変だった / 壮大だった。 / 善良だったが **3** マッチを 売る 少女は かわいそうでした。 / どんな 女性が 好きですか。 / 好みが変わった。

囲碁と 将棋と どちらが 好きですか。
바둑과 장기 중 어느 것을 좋아합니까?
비교 표현(어느 쪽이 ~입니까?)

🌸 **기본 표현**

あなたの ことが 大好きです。

아나따노 코또가 다이스끼데스

당신을 무척 좋아합니다.

金さんは 日本語が 上手ですね。

키무상와 니홍고가 죠―즈데스네

김선생은 일본어를 잘하시네요.

わたしは 早く 起きるのが 苦手です。

와따시와 하야꾸 오끼루노가 니가떼데스

나는 일찍 일어나는 것이 힘듭니다.

囲碁と 将棋と どちらが 好きですか。

이고또 쇼―기또 도찌라가 스끼데스까

바둑과 징기 중 어느 깃을 좋아힙니까?

将棋より 囲碁の 方が 好きです。

쇼―기요리 이고노 호―가 스끼데스

장기보다 바둑 쪽을 좋아합니다.

登山と バドミントンと テニスの 中で どれが
一番 上手ですか。

토찬또 바도민똔또 테니스노 나까데 도레가 이치방 죠-즈데스까
등산과 배드민턴과 테니스 중 어느 걸 가장 잘하시나요?

<ruby>登山<rt>とざん</rt></ruby>が <ruby>一番<rt>いちばん</rt></ruby> <ruby>得意<rt>とくい</rt></ruby>です。 토찬가 이치방 토꾸이데스
등산이 제일 자신 있습니다.

일어 감각 키우는 문장 뜯어보기

조사 が

원래 주격조사 '～이(가)'라는 뜻이지만, 목적격조사 '～을/를'의 경우가
있다. 좋아하고 싫어함, 잘하고 못함을 나타내는 な형용사 앞에는 '～
을/를'로 해석되는데 조사 を가 아닌 が를 사용해야 한다. 이것이 바로
일본어다운 표현이다.

～が 好_すきだ ～을/를 좋아하다	→	りんごが 好<rt>す</rt>きだ。 사과를 좋아한다.
～が 嫌<rt>きら</rt>いだ ～을/를 싫어하다	→	タバコのにおいが 嫌<rt>きら</rt>いだ。 담배 냄새를 싫어한다.

새로 나온 단어

大好(だいす)きだ 아주 좋아하다
上手(じょうず)だ 잘하다, 능숙하다
起(お)きる 일어나다
苦手(にがて)だ 거북하다, 서투르다
囲碁(いご) 바둑
将棋(しょうぎ) 일본장기(우리나라 장

기와는 전혀 다름)
登山(とざん) 등산
バドミントン 배드민턴(badminton)
テニス 테니스(tennis)
得意(とくい)だ 능숙하다

〜が 上手(じょうず)だ 〜을/를 잘하다	→	運転(うんてん)が 上手(じょうず)だ。 운전이 능숙하다.
〜が 下手(へた)だ 〜을/를 못하다	→	字(じ)が 下手(へた)だ。 글씨가 서투르다.
〜が 得意(とくい)だ 〜을/를 잘하다	→	英会話(えいかいわ)が 得意(とくい)だ。 영어회화가 자신있다.
〜が 苦手(にがて)だ 〜을/를 못하다	→	面接(めんせつ)が 苦手(にがて)だ。 면접시험이 서툴러 싫어하다.

あなたの ことが 大好きです

大好(だいす)き는 好(す)き에 '大'자를 붙여 강조한 말로 '아주 좋아한다'는 뜻이다. 그냥 あなたが라고 하는 것 보다 こと를 넣어 말하면 그 사람의 모든 것을 포함해서 좋아한다는 뉘앙스가 되므로 더 확실한 의미를 부여한다. 고백할 때 자주 쓰는 말이므로 외워두자!

동사+の

'〜하는 것'이라는 뜻이다. '〜하는 것을 좋아합니다'라고 말하고 싶으면 동사 I のが 好(す)きです。라고 하면 된다. 동사 I の대신에 동사+こと를 써도 좋다.

歌(うた)うのが 好きです。 노래하는 것을 좋아합니다.
歌(うた)が 好きです。 노래를 좋아합니다.

日本語が 上手ですね

일본인과 대화를 나누다 보면 日本語(にほんご)が 上手(じょうず)です ね라는 칭찬을 듣게 된다. 하지만 외국인이 일본어를 말하는 것을 신기해하는 일본인들의 사교상의 칭찬이라고 생각하는 것이 좋다. 대답은 겸손하게 いいえ、まだ下手(へた)です。(아니요, 아직 서툽니다)나 いいえ、まだまだです。(아니요, 아직 멀었습니다)라고 말하자.

得意・苦手

上手(じょうず)・下手(へた)와 비슷한 말로 得意(とくい, 능숙함)와 苦手(にがて, 서투름)이 있습니다. 上手는 객관적으로 '어떤 기술이 뛰어나다'는 뉘앙스가 있어서 남을 칭찬할 때 쓰고 자신에게는 쓰지 않습니다. 반면 得意는 주관적으로 '경험이 많아 자신 있다'는 뉘앙스가 있어서 타인은 물론 자기에게도 잘 씁니다.

あの 子(こ)は ピアノが 得意です。 저 애는 피아노를 잘 합니다.
わたしは 数学(すうがく)が 苦手です。 저는 수학이 서투릅니다.
あまり 得意では ありません。 그다지 잘 하지는 못합니다.

~と ~と どちらが ~ですか

~와 ~와 어느 쪽이 ~합니까?

두 가지를 비교할 때 쓰는 표현이다.

イチゴと バナナと どちらが 安(やす)いですか。 딸기와 바나나 어느 쪽이 쌉니까?

~の 中(なか)で ~が いちばん ~ですか。

~중에서 ~이 가장 ~합니까?

세 가지 이상을 비교해서 물어 볼 때 쓰는 표현이다. 이 때 눈앞에 있는 것을 구체적으로 예를 들어 물을 경우 どれを, 어느 분야의 것을 물을 때는 何(なに)를 쓴다.

サッカーと スキーと ボーリングの 中(なか)で どれが いちばん 好(す)きですか。
축구랑 스키랑 볼링 중에 어느 것을 제일 좋아하세요?

A : 渡辺さんは 韓国語が 出来ますか。

와타나베상와 캉꼬꾸고가 데끼마스까

B : ええ、韓国語は 得意です。

에- 캉꼬꾸고와 토꾸이데스

A : へえ、そうですか。 헤- 소-데스까

B : パクさんは 中国語と 英語と どちらが

上手ですか。

파꾸상와 츄-고꾸고또 에-고또 도치라가 죠-즈데스까

A : 中国語より英語の 方が 得意です。中国語

は 少ししか できません。漢字が 苦手で

すから。

츄-고꾸고요리 에-고노 호-가 토꾸이데스. 츄-고꾸고와

스꼬시시까 데끼마센. 칸지가 니가테데스까라

B : サッカーと 野球と バレーボールの 中

で、どれが 一番 面白いですか。

삭까-또 야큐-또 바레-보-루노 나까데 도레가 이치방

오모시로이데스까

A : 野球が 一番 面白いです。

야큐-가 이치방 오모시로이데스

A : 와타나베 씨는 한국어를 할 수 있습니까?

B : 네, 한국어는 자신 있습니다.

A : 호오, 그렇습니까?

B : 박 씨는 중국어와 영어 중 어느 걸 잘하세요?

A : 중국어보다 영어가 자신 있습니다. 중국어는 조금밖에 못합니다. 한자가 서툴러서요.

B : 축구와 야구와 배구 중 어느 쪽이 제일 재미있습니까?

A : 야구가 제일 재미있습니다.

일어 감각 키우는 문장 뜯어보기

できる

できる는 '～할 수 있다'라는 뜻으로 앞에 조사 が와 함께 사용한다. 이 외에도 '생기다'나 '이루어지다' 등의 뜻도 가지고 있다.

わたしは 水泳(すいえい)が できます。 나는 수영을 할 수 있습니다.

可愛(かわい)い 彼女(かのじょ)が できました。 귀여운 여자친구가 생겼습니다.

合意(ごうい)が できました。 합의가 이루어졌습니다.

そうですか 그렇습니까?

そうですか는 상대방의 말에 맞장구 칠 때 쓰는 말이다. 상대방의 말을 듣고 놀랐을 때, 상대방의 말을 납득했을 때, 상대방의 말에 관심이 없을 때, 상대방과 생각이 다를 때 등, 여러 가지 상황에서 그냥 하는 말이다.

～より ～の 方が ～です ～보다 ～쪽이 ～합니다.

두 가지 중 하나를 골라 답할 때 쓰는 표현이다. '양쪽 다(어느 쪽도) ～

합니다'라고 할 때는 どちらも～です라고 대답한다.

みかんの 方(ほう)が 安(やす)いです。 귤 쪽이 쌉니다.

どちらも 大事(だいじ)です。 어느 쪽두 중유합니다.

中国語は 少ししか できません

～しか는 '～뿐'이라는 뜻으로 반드시 부정하는 말이 뒤에 와야 한다.

二人(ふたり)しか いません。(O) 두 사람밖에 없습니다.

二人(ふたり)しか います。(X) 두 사람밖에 있습니다.

野球(やきゅう)

우리도 흔히 사용하는 단어인데 19세기말 메이지시대에 등장한 신조어이다. 메이지시대엔 서구의 학문과 문화를 한자로 번역하여 수많은 和製漢語(일본이 만든 한자어)가 등장했다. 이 일본제 신조어들이 우리나라는 물론이고 한자의 종주국 중국에서도 받아들여져 자연스럽게 사용되고 있다. 政治、経済、文明、思想、文化、共産、主義、資本、階級、人権、哲学、背景、環境、芸術、作戦、投資、規範 등 헤아릴 수 없이 많다.

새로 나온 단어

出来(でき)る 할 수 있다. 가능하다 　サッカー 축구(soccer)
方(ほう) ～쪽, ～편 　野球(やきゅう) 야구
しか ～밖에, ～만 　バレーボール 배구(volleyball)
漢字(かんじ) 한자

1 다음 문장을 해석하세요.

1. わたしは 早く 起きるのが 苦手です。

   _____

2. 中国語は 少ししか できません。

   _____

3. 登山が 一番 得意です。

   _____

2 다음 빈칸을 채우세요.

1. 日本語が _____。

   일본어를 잘하시네요.

2. 将棋 _____ 囲碁 _____が 好きです。

   장기보다 바둑 쪽을 좋아합니다.

3. 中国語と 英語と _____ですか。

   중국어와 영어 중 어느 걸 잘하세요?

3 다음 문장을 일본어로 만드세요.

1. 당신을 무척 좋아합니다. _____

2. 야구가 제일 재미있습니다. _____

3. 한국어는 자신 있습니다. _____

---

1 나는 일찍 일어나는 것이 힘듭니다. / 중국어는 조금밖에 못합니다. / 등산이 제일 자신 있습니다. **2** 上手ですね / より, の方 / どちらが 上手 **3** あなたの ことが 大好きです。 / 野球が 一番 面白いです。 / 韓国語は 得意です。

Day 24

富士山に 登って みたいです。
후지산에 올라보고 싶어요. (소망과 경험 표현)

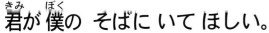

기본 표현

えいがはいゆう
映画俳優に なりたいです。
에ー가하이유ー니 나리타이데스

영화배우가 되고 싶어요.

しろ   い
シンデレラは お城の パーティーへ 行きたかった。
신데레라와 오시로노 파ー티ー에 이키타깟따

신데렐라는 궁전의 파티에 가고 싶었다.

ゆめ
夢を あきらめたく ないです。
유메오 아키라메타꾸 나이데스

꿈을 포기하고 싶지 않아요.

すてき
素敵な マンションが ほしいです。
스테끼나 만숀가 호시ー데스

멋진 아파트를 갖고 싶어요.

きみ   ぼく
君が 僕の そばに いて ほしい。
키미가 보쿠노 소바니 이테 호시ー

네가 내 곁에 있어주면 좋겠어.

す
ロンドンに 住んだ ことが あります。
론돈니 슨다 코토가 아리마스

런던에 산 적이 있어요.

京都で 芸者を 見た ことが あります。
きょうと　げいしゃ　　み

쿄-토데 게-샤오 미타 코토가 아리마스

쿄토에서 게이샤를 본 적이 있습니다.

パーティーへ 行きたかった

たい의 과거형은 い형용사의 과거형과 같이 かった가 된다.

~たい　~하고 싶다 / ~たく ない　~하고 싶지 않다

어떠한 동작이 하고 싶다는 자신의 희망을 나타내는 표현으로 동사 ます형+たい를 쓴다. たい는 い로 끝나므로 い형용사와 같은 활용을 한다. 따라서 부정 표현은 たく ない(~하고 싶지 않다)이다.

기본형	~たい ~하고 싶다	~たく ない ~하고 싶지 않다
보통	行く 가다 い	行きたい 가고 싶다	行きたく ない 가고 싶지 않다

새로 나온 단어

映画俳優(えいがはいゆう)　영화배우
~に なる　~이(가) 되다
シンデレラ　신데렐라(Cinderella)
お城(しろ)　성, 궁전
パーティー　파티(party)
夢(ゆめ)　꿈, 소망
あきらめる　포기하다
~たくない　~하고 싶지 않다

素敵(すてき)だ　멋지다, 훌륭하다
マンション　고층 아파트
ほしい　원하다, 갖고 싶다
ロンドン　런던(London)
芸者(げいしゃ)　게이샤
~た ことが あります　~한 적이 있습니다

정중	行きます 갑니다	行きたいです 가고 싶습니다	行きたく ないです 行きたく ありません 가고 싶지 않습니다

マンションが ほしい

무언가를 갖고 싶거나 원한다는 표현으로 명사 + が ほしい를 쓴다. 조사 を가 아니라 が를 쓰는 것에 주의할 것. い형용사이므로 부정 표현은 ほしく ない가 된다.

マンション(mansion)은 고층아파트를 의미한다. アパート라고 하면 2, 3층 짜리 저렴한 연립주택을 의미하므로 사용에 주의를 요한다.

エルメスの 時計(とけい)が ほしいです.

에르메스 시계를 갖고 싶어요.

何(なに)も ほしく ないです。 아무것도 원하지 않아요.

いて ほしい 있어주길 바란다

상대방 혹은 제3자가 어떤 행동을 해 주기를 바란다는 소망을 나타낼 때 동사+て ほしい를 쓴다.

許(ゆる)して ほしいです。 용서해 주시면 좋겠어요.

はっきり 言(い)って ほしいです。 확실히 말해주기를 바랍니다.

~た ことが ありますか ~한 적이 있습니까?

전에 어떤 경험을 한 적이 있는지 물어볼 때 동사 과거형(た형)+ことが ありますか라고 한다. 경험이 있을 때는 はい、~た ことが あります(예, ~한 적이 있습니다), 경험이 없을 때는 いいえ、~た ことが ありません(아니오, ~한 적이 없습니다)

馬(うま)に 乗(の)った ことが ありますか。 말을 타본 적이 있나요?

はい、乗った ことが あります。 네, 타본 적이 있어요.

いいえ、まだ 乗った ことが ありません。 아니오, 아직 타본 적이 없어요.

A: 日本へ 行った ことが ありますか。

니홍에 잇따 코토가 아리마스까

B: いいえ、まだです。来年には ぜひ 行って みたいです。

이-에 마다데스. 라이넹니와 제히 잇떼 미타이데스

A: 日本の どこへ 行きたいですか。

니홍노 도꼬에 이키타이데스까

B: 富士山に 登って みたいです。

후지상니 노봇테 미타이데스

私は 富士山の 写真を たくさん 見たことが あります。

와타시와 후지상노 샤신오 타쿠상 미타코토가 아리마스

A: 他に やりたいことは ありますか。

호카니 야리타이 코토와 아리마스까

B: 箱根の 温泉を 体験して みたいです。

하코네노 온셍오 타이켄시테 미타이데스

A : 일본에 가본 적이 있습니까?

B : 아뇨, 아직 없어요. 내년엔 꼭 가보고 싶어요.

A : 일본의 어디에 가고 싶으세요?

B : 후지산에 올라보고 싶어요. 저는 후지산 사진을 많이 본 적이 있습니다.

A : 그 외에 하고 싶은 일이 있습니까?

B : 하코네 온천을 체험하고 싶어요.

ぜひ 行って みたいです

동사 て형에 みる를 붙이면 '～해 보다'라는 뜻이 된다. 결과가 어떻게 될지 잘 모르지만 한번 시도해 본다는 의미이다. 이 みる는 '보다'라고 해석되지만 '눈으로 본다'는 뜻이 아니라 '시도하다'라는 뜻이기 때문에 ひらがな로 표기한다.

　買(か)って みる　사 보다

　して みる　해 보다

富士山に 登って みたいです

후지산은 3776m로 일본 최고봉이며 산맥 속에 있는 것이 아니라 하나의 봉우리로 되어 있어서 날씨가 좋으면 멀리 도쿄에서도 볼 수 있다. 후지산 등반은 2300m 지점에서 시작하는데 정상 근처에는 기온이 상당히 내려가므로 일반인은 7, 8월에만 등산할 수 있다. 등산 루트별로 개방 시기가 다르다.

새로 나온 단어

来年(らいねん)　내년	**箱根(はこね)**　온천으로 유명한 카나
ぜひ　제발, 꼭	가와 현의 관광지
他(ほか)に　그밖에	**温泉(おんせん)**　온천
やりたい　하고 싶다	**体験(たいけん)**　체험

やる와 する의 차이점

우리말에서 제일 많이 쓰는 동사라면 '하다'일 것이다. 이에 해당하는 일본단어는 する와 やる가 있다. 먼저 배우는 것은 する지만 やる도 일상적으로 아주 많이 쓰는 말이라 그 차이를 알아두는 것은 의미가 있다. 어렵다면 절반만 이해하고 넘어가도 된다.

1. 의지를 가지고 하는 행위는 する, やる 둘 다 가능

   数学(すうがく)の 勉強(べんきょう)を して[やって] いる。 수학 공부를 하고 있다.

2. 무의지 행위에는 やる를 쓸 수 없다.

   くしゃみを する 재채기를 하다

   変(へん)な 音(おと)が する 이상한 소리가 나다

3. "먹다, 마시다, 담배 피우다"를 의미할 때는 やる만 가능하다.

   お酒は やりますが、タバコは やりません。 술은 하지만 담배는 하지 않습니다.

4. 일반적으로 する가 점잖은 말투이고 やる는 다소 속어 느낌이다.

   へまを やって しまった。 바보 같은 실수를 저질러버렸다.

5. 질병 증상을 말할 때는 する만 가능하다.

   頭痛(ずつう)[吐(は)き気(け)・めまい]が します。

   두통[욕지기・현기증]이 납니다.

6. 몸에 착용하는 것은 する만 가능하다.

   ネクタイを している。 넥타이를 하고 있다.

   シートベルトを して ください。 안전벨트를 매 주세요.

1 다음 문장을 해석하세요.

1. 日本の どこへ 行きたいですか。

   _____

2. 芸者を 見た ことが あります。

   _____

3. 箱根の 温泉を 体験して みたいです。

   _____

2 다음 빈칸을 채우세요.

1. シンデレラは パーティーへ _____。

   신데렐라는 파티에 가고 싶었다.

2. 素敵な マンションが _____。

   멋진 아파트를 갖고 싶어요.

3. 日本へ _____ ことが ありますか。

   일본에 가본 적이 있습니까?

3 다음 문장을 일본어로 만드세요.

1. 후지산에 올라보고 싶어요. _____

2. 꿈을 포기하고 싶지 않아요

   _____

3. 런던에 산 적이 있어요. _____

1 일본의 어디에 가고 싶으세요? / 게이샤를 본 적이 있습니다. / 하코네 온천을 체험하고 싶어요.
2 行きたかった / ほしいです / 行った　**3** 富士山に 登って みたいです。 / 夢
をあきらめたく ないです。 / めたく ないです。 / ロンドンに 住んだ ことが あ
ります。

Day 25

7時に 有楽町で 会いましょう。

일곱 시에 유라쿠초에서 만나요. (의지, 권유 표현)

 기본 표현

上を 向いて 歩こう。

우에오 무이테 아루코-

하늘을 보고 걷자.

2人だけで 遊ぼう。

후타리다께데 아소보-

둘이서만 놀자.

明日はデートしようと 思って います。

아시따와 데-또 시요-또 오못떼 이마스

내일은 데이트하려고 생각하고 있어요.

7時に 有楽町で 会いましょう。

시찌지니 유-라꾸초-데 아이마쇼-

일곱 시에 유라쿠초에서 만나요.

みんなで 飲みましょうか。

민나데 노미마쇼-까

모두 함께 한잔 할까요?

私と 付き合ってくれませんか。

와타시또 츠끼앗떼 쿠레마셍까

나와 사귀어 주시지 않을래요?

2人で お茶でも しませんか。

<ruby>2人<rt>ふたり</rt></ruby>で お<ruby>茶<rt>ちゃ</rt></ruby>でも しませんか。

후타리데 오차데모 시마셍까

둘이서 차라도 마시지 않겠어요?

의지 · 권유 표현 (よ)う ～해야지, ～하자

'～해야지'하고 자신의 의지를 나타낼 때나 '～하자'하고 상대방에게 권유할 때 쓰는 표현입니다. 정중하게 말할 때는 ましょう를 씁니다.

그룹	변화 형태	동사 기본형		의지 · 권유 표현
1그룹 동사	어미 ウ단→オ단+う	行く 가다	→	行こう 가야지, 가자
2그룹 동사	어미 없애고+よう	見る 보다	→	見よう 봐야지, 보자
3그룹 동사	불규칙	する 하다 来る 오다	→	しよう 해야지, 하자 来よう 와야지, 오자

⇒ 주의) オ단 뒤의 う발음은 장음이 되므로 길게 발음해야 합니다.

새로 나온 단어

向(む)く 향하다, 보다
～(よ)う ～해야지, ～하자
遊(あそ)ぶ 놀다
デート 데이트(date)
～(よ)うと 思(おも)う ～하려고 생각하다
有楽町(ゆうらくちょう) 도쿄의 지명

～ましょう ～합시다
～ましょうか ～할까요
付(つ)き合(あ)う 사귀다, 어울리다
～ませんか ～하지 않을래요?
お茶(ちゃ) 차 (茶의 공손한 말)

よし、がんばろう。 그래, 힘내자! (의지)

いっしょに 楽(たの)しもう。 같이 즐기자. (권유)

〜(よ)う＋と 思っています 〜하려고 합니다

주어가 어떤 행위를 할 의지가 있음을 얘기합니다.

富士山(ふじさん)に のぼろうと 思って います。 후지산에 오르려고 합니다.

〜ませんか・〜ましょうか・〜ましょう

일본어에서 상대방에게 권유를 할 때 먼저 〜ませんか로 상대방의 의사를 묻고 나서 YES라고 대답을 듣고 난 후 〜ましょうか를 사용하는 것이 좋습니다.

1. 〜ませんか 〜하지 않을래요?

함께하자고 제의하는 경우에 상대의 대답을 모르면서 정중하게 묻는 말

2. 〜ましょうか 〜할까요?

상대방의 의사를 알고 있거나 미리 약속이 되어있는 경우

3. 〜ましょう 〜합시다

〜ませんか의 제의에 동의하거나 적극적으로 제안함

　A : いっしょに 飲(の)みに 行きませんか。 같이 마시러 가지 않을래요?

　B : いいですよ。向(む)こうの 店(みせ)は どうですか。 좋아요. 건너편 가게는 어때요?

　A : あ、 いいですね。行きましょうか。 아, 좋네요. 가실까요?

　B : 行きましょう。 갑시다.

お茶でも しませんか

'차라도 한 잔 마시지 않을래요?'라고 상대방에게 권유할 때 쓰는 표현
이다. 데이트 신청할 때도 많이 쓰므로 외워두면 좋을 듯. 여기서 でも는
가볍게 제시하는 표현으로 '～이라도'라는 뜻이다.

알기 쉬운 문법

존경을 나타내는 お와 ご

단어 맨 앞에 붙는 お와 ご는 한자로는 御라고 쓰며, 존경의 의미를 담
거나 말을 품위 있게 하기 위해 사용합니다. 주로 일본 고유어 앞에는
お, 한자어 앞에는 ご를 사용합니다. 하지만 예외도 있습니다.

1. お를 붙이는 경우

　　お水(みず) 물　　お金(かね) 돈　　お願(ねが)い 부탁

　　お手紙（てがみ） 편지

2. ご를 붙이는 경우

　　ご家族(かぞく) 가족　　ご実家(じっか) 본가, 친정

　　ご心配(しんぱい) 걱정　　ご遠慮(えんりょ) 사양　　ご飯(はん) 밥

3. 항상 お를 붙여 사용하는 경우

　　おかず 반찬　　お腹(なか) 사람의 배　　おまけ 덤으로 주는 상품

　　おにぎり 주먹밥

4. 한자숙어라도 お를 쓰는 경우

　　お弁当(べんとう) 도시락　　お約束(やくそく) 약속

　　お食事(しょくじ) 식사　　お勉強(べんきょう) 공부

A: すみえちゃん。明日から ビタミン・デパ
ートの 冬バーゲンだよね?

스미에짱 아시타까라 비타민데빠-토노 후유바-겐다요네

S: ええ、あした 行く つもりですけど、もし
ひまなら いっしょに 行きませんか。

에- 아시타 이꾸 츠모리데스케도 모시 히마나라 잇쇼니
이키마셍까

A: うん。一緒に 行こう。仕事が 終った 後
で、駅の 前で 会えば いいよね?

응 잇쇼니 이코- 시고토가 오왓따 아또데 에끼노 마에
데아에바 이-요네

S: ええ、そう しましょう。

에- 소-시마쇼-

A: すみえちゃんは 何を 買いたいの?

스미에짱와 나니오 카이타이노

S: まず、寒いから、ダウンパーカーを 買う
つもりです。

마즈 사무이까라 다운파-카-오 카우 츠모리데스

A : 스미에야, 내일부터 비타민 백화점 겨울 세일이지?
S : 네, 내일 가려고 하는데 혹시 한가하시면 같이 가시지 않을래요?
A : 응. 같이 가자. 일이 끝난 후 역 앞에서 만나면 되는 거지?

S : 네, 그렇게 합시다.
A : 스미에는 뭘 사고 싶니?
S : 우선 추우니까 다운파카를 살 생각입니다.

冬バーゲンだよね?

문장 끝에 쓰이는 종조사 よね(~이지?/~맞지?)는 자신의 생각을 말하면서 상대의 동의를 묻는 표현이다. 종조사 よ에는 자신의 주장을 강조하는 뉘앙스가 있는데 그 뒤에 ね를 붙여 친근감을 주는 것이다. 이때 よね는 끝을 올려서 말해야 의문형이 된다. ね나 よ같은 문장 끝에 오는 조사는 손윗사람에게 쓸 수 없는 표현이다. 정중한 표현은 でしょうか라고 한다.

새로 나온 단어

ちゃん 친근감을 담은 애칭(さん의 변형)
デパート 백화점(department store)
冬(ふゆ) 겨울
バーゲン(バーゲンセール의 준말) 바겐세일(bargain sale)
つもり ~할 생각(예정)

もし 혹시, 만약
暇(ひま)だ 한가하다
なら ~라면, ~하다면
~た 後(あと)で ~한 후에
ダウンパーカー 오리털파카(down parka)

つもり와 予定 ～할 생각, ～할 예정

つもり와 予定(よてい)는 둘 다 앞으로의 예정을 나타내는 표현입니다. 하지만 조금 뉘앙스가 다르니 잘 구별해서 씁시다.

つもり : 어떤 일을 하려고 생각은 하고 있지만 구체적인 계획은 정해지지 않음
予定 : 미리 구체적인 계획이 정해짐, 특히 공식적인 일정

来年(らいねん) 帰国(きこく)する つもりです。 내년 귀국할 예정입니다. (확정 안 된 경우)

兄(あに)は 来月(らいげつ) 大学(だいがく)を 卒業(そつぎょう)する 予定です。 오빠는 다음달에 대학을 졸업할 예정입니다.

～た 後で ～한 후에

동사 과거형 た형에 後(あと)で를 붙이면 '～한 후에'라는 뜻이 된다. 반대로 '～하기 전에'라고 하려면 동사 기본형에 前(まえ)에를 붙인다.

ごはんを 食べた 後で くすりを 飲みます。 밥을 먹은 후에 약을 먹습니다.

買う前によく考えてください。 사기 전에 잘 생각해보세요.

バーゲン・セール(bargain sale) 바겐세일

일본은 여름과 겨울에 대규모 바겐세일을 합니다. 보통 여름세일(夏(なつ)バーゲン)은 7월 초, 겨울세일(冬(ふゆ)バーゲン)은 1월 초에 시작되는데, 기본적으로 30~50%, 크게는 70% 이상 할인을 하는 곳도 있습니다. 특히 신정에는 백화점이나 상점에서 한정으로 판매하는 후쿠부쿠로(福袋(ふくぶくろ)를 사기 위해 이른 아침부터 줄서서 기다리기도 한답니다.

후쿠부쿠로란 우리말로 '복주머니'란 뜻으로 여러 가지 상품을 넣어 파는 주머니를 말해요. 뭐가 들어있는지 보고 살 수는 없지만 가격의 3~10배에 달하는 상품이 들어있기 때문에 절대 손해는 보지 않는다고 하네요.

そうしましょう

そう '그렇게' こう는 '이렇게' ああ는 '저렇게'가 된다.

 일본 속담

成(な)せば成(な)る。
하면 된다!

名(な)を取(と)るより実(じつ)を取(と)れ。
이름보다는 실리를 취하라.

二兎(にと)を追(お)う者(もの)は一兎(いっと)をも得(え)ず。
두 마리 토끼를 좇는 자는 한 마리도 얻지 못한다.

1 다음 문장을 해석하세요.

1. 明日は デートしようと 思って います。

   _____

2. 私と 付き合ってくれませんか。

   _____

3. 7時に 有楽町で 会いましょう。

   _____

2 다음 빈칸을 채우세요.

1. 上を _____。 하늘을 보고 걷자.
2. 2人だけで _____。 둘이서만 놀자.
3. みんなで _____。 모두 함께 한잔 할까요?

3 다음 문장을 일본어로 만드세요.

1. 둘이서 차라도 마시지 않겠어요?

   _____

2. 같이 가시지 않을래요? _____

3. 그렇게 합시다. _____

---

1 내일은 데이트하려고 생각하고 있어요. / 나와 사귀어 주시지 않을래요? / 일곱시에 유라쿠초에서 만나요. **2** 向いて歩こう / 遊ぼう / 飲みましょうか **3** 2人でお茶でもしませんか。/ いっしょに 行きませんか。/ そう しましょう。

Day 26

ロトに 当ったら、車を買います。

로또에 당첨되면 차를 사겠습니다. (가정, 제안 표현)

 기본 표현

合格<small>ごうかく</small>したら お祝<small>いわ</small>い しましょう。

고-카쿠시따라 오이와이 시마쇼-

합격하면 축하합시다.

今度<small>こんど</small>の 週末<small>しゅうまつ</small>なら 問題<small>もんだい</small>ありません。

콘도노 슈-마츠나라 몬다이 아리마센

이번 주말이라면 문제 없습니다.

ロトに 当<small>あ</small>ったら、車<small>くるま</small>を買<small>か</small>います。

로또니 아탓따라 쿠루마오 카이마스

로또에 당첨되면 차를 사겠습니다.

それを クリックすると 写真<small>しゃしん</small>が 出<small>で</small>ます。

소레오 쿠릭꾸 스루또 샤싱가 데마스

그걸 클릭하면 사진이 나옵니다.

ちりも 積<small>つ</small>もれば 山<small>やま</small>となる。

치리모 츠모레바 야마토 나루

티끌도 모이면 태산이 된다. (속담)

風邪<small>かぜ</small> 薬<small>ぐすり</small>を 飲<small>の</small>んだ 方<small>ほう</small>が いいよ。

카제 구스리오 논다 호-가 이-요

감기 약을 먹는 것이 좋아.

たばこは 止<ruby>め<rt>や</rt></ruby>た 方<ruby><rt>ほう</rt></ruby>が いいです。

타바코와 야메타 호-가 이-데스

담배는 끊는 게 좋아요.

今度

'이번'이란 뜻이지만 경우에 따라서는 '다음번'이란 의미로 쓰기도 하므로 문맥에 따라 판단해야 한다. '이번에'라는 의미만으로 쓰려면 今回(こんかい)라고 하면 된다.

今度(こんど)の 日曜(にちよう) 이번 일요일

また 今度に しよう。 다음 기회로 하자.

薬を 飲む 약을 먹다

'약을 먹다'는 일본어로 薬(くすり)を 飲(の)む라고 합니다. 우리말로 약은 '먹는다'지만 일본어에선 飲(の)む(마시다)로 표현하는데 주의합시

새로 나온 단어

合格(ごうかく) 합격	車(くるま) 자동차
祝(いわ)い 축하(선물)	クリック 클릭(click)
～れば ～하면, ～라면	ちり 티끌, 먼지
今度(こんど) 이번, 다음번	積(つ)もる 쌓이다, 모이다
～なら ～이라면	山(やま) 산
問題(もんだい) 문제	風邪(かぜ) 감기
ロト 로또(lotto)	薬(くすり) 약
当(あ)たる 맞다, 당첨되다	～た(だ) 方(ほう)が いい ～하는 편이 좋다
～たら ～라면, ～하면	

다. 참고로 '감기에 걸리다'는 風邪(かぜ)를 ひく라고 합니다.

風邪を 引(ひ)いてしまった。감기에 걸리고 말았다.

~た 方が いい ~하는 편(쪽)이 좋다

다른 사람에게 제안이나 조언, 충고를 할 때 쓰는 표현입니다. 동사 과거형(た)에 方(ほう)が いい를 연결해서 사용합니다. '~하지 않는 편이 좋다'라고 할 때는 동사 현재형의 부정(ない)에 方(ほう)が いい를 연결하면 됩니다. 형태는 과거형이지만 의미는 현재나 미래를 뜻합니다.

早(はや)く 行(い)った 方がいいです。일찍 가는 게 좋습니다.

余計(よけい)なことは 話さない 方が いいですよ。쓸데없는 것은 말하지 않는 것이 좋아요.

止(や)める와 止(と)める

같은 모양이지만 뜻에 따라 읽는 방법이 다릅니다.

止(や)める : 그만두다, 끊다, 중지하다

止(と)める : 잠그다, 그만두게 하다

けんかを 止(や)める 싸움을 그만두다

電気(でんき)を 止(と)める 전기를 끄다

알기 쉬운 문법

가정 · 조건표현

가정할 때 쓰는 표현은 크게 4가지로 나눌 수 있습니다. 어떤 경우는 서로 바꾸어 쓸 수 있지만 각각의 특징이 강한 문장에서는 바꾸어 쓸 수 없는 것도 있으니 각각의 특징을 이해하는 것이 중요하겠죠?

~ば ~하면, ~라면

대표적인 가정표현으로 'A하면(조건) B한다(결과)'는 의미를 갖고 있습니다. 뒤의 문장이 이루어지기 위한 조건을 앞 문장에 제시합니다. '그렇지 않으면'이라는 뉘앙스가 숨어 있습니다. 예를 들어 '날씨가 좋으면 소풍을 가겠다'는 말은 '날씨가 좋지 않으면 소풍을 가지 않겠다'는 의도라는 것이죠. 품사별 형태 변화는 다음과 같습니다.

그룹	변화 형태	기본형		가정형 ば
동사	어미 ウ단→エ단+ば	歩く	→	歩けば 걸으면
い형용사	어미 い → ければ	美味しい	→	美味しければ 맛있으면
な형용사	어미 だ → なら(ば)	好きだ	→	好きなら(ば) 좋아한다면
명사	명사 + なら(ば)	親友	→	親友なら(ば) 친구라면

⇒ 주의) 불규칙 동사의 경우 する → すれば, 来(く)る → 来(く)れば いい는 よければ로 변화하는 것에 주의!

　見(み)れば　すぐ　分(わ)かりますよ。보면 금방 알거예요.

　かわいければ　すべて　オッケーです。귀여우면 전부 용서 돼요.

~なら　～할거면, ~에 대해서라면

어떤 정보를 기초로 'A에 대해서라면 역시 B다'라는 뉘앙스로 쓸 때는 뒤에 판단, 조언, 요구하는 문장이 오며, '~라면'의 뜻으로 한정을 나타내기도 합니다. な형용사와 명사 + なら의 경우 위에서 설명한 ば의 가정법과 같은 뜻으로 사용되기도 합니다. 동사와 い형용사는 기본형에, な형용사는 어간에, 명사는 그대로 なら를 연결합니다.

명사: 夏(なつ)の旅行(りょこう)なら、北海道(ほっかいどう)はどう?

　여름여행이라면 북해도가 어때?

い형용사: 痛(いた)いなら、薬(くすり)を飲(の)んでね。

　아프면 약을 먹어.

な형용사: 嫌(いや)なら、行(い)かなくてもいいよ。

싫으면 가지 않아도 돼.

동사: 車(くるま)を買(か)うなら、中型車(ちゅうがたしゃ)がほしい。

　　차를 산다면 중형차를 갖고 싶어.

~ たら ~라면, ~하면

たら는 과거를 나타내는 た형에 ら를 붙인 것으로 사용할 수 있는 범위가 제일 넓습니다. 'A한 후에 B하다'라는 뜻으로 A를 해야만 B가 성립되는 경우에 たら를 쓰며 상대방에게 정중하게 권유나 제안을 할 때 쓰기도 합니다. 동사·い형용사·な형용사는 과거형에 ら를 붙이고, 명사는 だったら를 붙이면 됩니다.

명사: 君(きみ)が女性(じょせい)だったら、どうするの？　네가 여자라면 어떻게 할래?

い형용사: 寒(さむ)かったら、ストーブをつけてね。추우면 난로를 켜.

な형용사: 暇(ひま)だったら、遊(あそ)びにきてくれ。한가하면 놀러 와줘.

동사: 雨(あめ)が降(ふ)ったら、取(と)り消(け)しになります。비가 오면 취소가 됩니다.

~と ~하면 (반드시 ~한다)

と는 자연현상이나 반복적인 일, 필연적인 결과를 말할 때 씁니다. 그래서 불확실한 경우엔 쓸 수 없다는 것이 특징이에요. と 뒤에는 말하는 사람의 의지나 판단, 허가, 명령, 요구 등의 문장이 올 수 없습니다. 동사·い형용사·な형용사의 기본형에, 명사에는 だ를 붙인 후 연결합니다.

명사: 80点(てん)以上(いじょう)だと、合格(ごうかく)です。80점 이상이면 합격입니다.

동사: このボタンを押(お)すと、始(はじ)まります。이 버튼을 누르면 시작됩니다.

い형용사: 結果(けっか)が悪(わる)いと、入社(にゅうしゃ)は無理(むり)です。결과가 나쁘면 입사는 무리입니다.

な형용사: 外(そと)が賑(にぎ)やかだと、勉強(べんきょう)が出来(でき)ません。 밖이 소란스러우면 공부가 안됩니다.

GO! 실전 표현

男 : 鶴岡(つるおか)さん、ちょっと 聞(き)いても いいですか。

츠루오카상 촛토 키이테모 이-데스까

女 : はい、何(なん)でしょう？ 하이 난데쇼-

男 : 初(はつ)デートに 行(い)くなら、どこが いい
ですか。

하츠데-토니 이꾸나라 도코가이-데스까

女 : 初(はつ)デートならば、高級(こうきゅう)レストランが いい
と思(おも)うわよ。

하츠데-또나라바 코-큐-레스토랑가 이-또 오모우와요

男 : なるほど。 じゃあ、いいところ、ご存知(ぞんじ)
ですか。

나루호도 쟈- 이-토코로 고존지데스까

女 : 新宿(しんじゅく)の ローズガーデンなら、おすすめ
出来(でき)るわよ。 この店(みせ)、女性(じょせい)に 大人気(だいにんき)だか
らね。

신주쿠노 로-즈가-덴나라 오스스메 데끼루와요. 코노

미세 죠세-니 다이닝끼다까라네

男 : そうですか。 소-데스까

女 : ええ、いつも 賑（にぎ）わっているから 予約（よやく）を しておいた 方（ほう）が いいわよ。

에- 이츠모 니기왓떼 이루까라 요야꾸오 시테오이따
호-가 이-와요

男 : ありがとうございます。参考（さんこう）になりました。

아리가또- 고자이마스 상꼬-니 나리마시따

男 : 츠루오카 씨, 좀 물어봐도 될까요?

女 : 네, 무슨 얘긴가요?

男 : 첫데이트에 가는 거면 어디가 좋을까요?

女 : 첫데이트라면 고급 레스토랑이 좋다고 생각해요.

男 : 그렇군요. 그럼 좋은 데 아시는지요?

女 : 신주쿠의 로즈가든이라면 추천할 수 있어요. 이 가게가 여자
들에게 큰 인기가 있으니까.

男 : 그렇습니까.

女 : 네, 항상 붐비니까 예약을 해두는 것이 좋아요.

男 : 감시힙니다. 침꼬가 푀있습니다.

새로 나온 단어

レストラン 레스토랑(restaurant)	いつも 항상
ご存知(ぞんじ) 알고 계심	賑(にぎ)わう 붐비다, 번창하다
おすすめ 추천, 권유	予約(よやく) 예약
店(みせ) 가게	参考(さんこう) 참고
大人気(だいにんき) 큰 인기	

いいと 思うわよ

여기의 조사 と는 '~라고'라는 의미. ~と 思う(~라고 생각하다)는 자기 의견을 말할 때 쓰는 표현이다. 동사·い형용사·な형용사의 기본형에 연결하고 명사는 명사 + だ에 연결한다.

静(しず)かだと思(おも)います。 조용하다고 생각합니다.

ご存知ですか

知(し)っていますか를 더욱 정중하게 표현한 존경어이다.

女性に 人気が あるんです

여기에선 강조의 의미로서 の가 ん으로 바뀌었다. 발음의 간략화 현상이다.

ええ、いつも 賑わって いるから…

ええ는 はい만큼 정중하지는 않지만 약간 공손한 긍정 응답이다.

빈도를 나타내는 부사

언제나	잘, 자주	때때로	가끔	거의	전혀
いつも	よく	時々 (ときどき)	たまに	ほとんど	全然 (ぜんぜん)

1 다음 문장을 해석하세요.

1. 今度の 週末なら 問題ありません。

_____

2. ロトに 当ったら、車を買います。

_____

3. 風邪薬を 飲んだ 方が いいよ。

_____

2 다음 빈칸을 채우세요.

1. 初デートに _____ , どこがいいですか。

첫데이트에 가는 거면 어디가 좋을까요?

2. おすすめ _____ 。

추천할 수 있어요.

3. 予約を _____ いいわよ。

예약을 해 두는 편이 좋아요.

3 다음 문장을 일본어로 만드세요.

1. 담배는 끊는 게 좋아요. _____

2. 합격하면 축하합시다. _____

3. 여자한테 큰 인기가 있으니까. _____

1 이번 주말이라면 문제없습니다. / 로또에 당첨되면 차를 사겠습니다. / 감기 약을 먹는 것이 좋아. **2** 行くなら / 出来るわよ / しておいた方が **3** たばこは 止めた 方が いいです。 / 合格したら、お祝いしましょう。 / 女性に 大人気だからね。

Day 27

彼女が できたらしい。

여자 친구가 생긴 것 같아. (추측, 전언 표현)

 기본 표현

その スーツは 高^{たか}そうですね。

소노 스-츠와 타카소-데스네

그 정장은 비쌀 것 같네요.

由起^{ゆき}さんは 僕^{ぼく}が 好^すきだそうです。

유키상와 보쿠가 스키다소-데스

유키 씨는 나를 좋아한대요.

まるで 美^{うつく}しい 花^{はな}の ようだ。

마루데 우츠쿠시- 하나노 요-다

마치 아름다운 꽃과 같다.

車^{くるま}は 到着^{とうちゃく}した みたいです。

쿠루마와 토-챠쿠시타 미타이데스

차량은 도착한 것 같네요.

金^{キム}さんは まだ 生^いきて いるらしいです。

키무상와 마다 이키떼 이루라시-데스

김씨는 아직 살아있는 것 같아요.

こいつが 犯人^{はんにん}だろう。

코이쯔가 한닝다로-

이 녀석이 범인일거야.

250 | 완전 초보 일본어 첫걸음

…高そうですね

비쌀 깃 깉네요 라는 추측의 표현이다.

…好きだそうです

좋아한대요. 이것은 전언으로 남의 말을 전해 듣고 말하는 표현이다.

美しい 花の ようだ

아름다운 꽃과 같다. ようだ는 그 모습을 보고 판단하는 표현이다.

到着した みたいです

みたい는 도착한 것 같다는 주관적인 판단 또는 추측의 표현이다.

生きて いるらしいです

らしい는 전해 들은 정보에 따른 추측 표현이다.

● 최근 자기 감정을 얘기하는데도 '～같아요'라고 표현하는 사람이 많은데, 일
본어에선 원래 모호하게 표현하는 일이 많다. 그 이유는 너무 분명하게 표현하

새로 나온 단어

スーツ(suit) 수트, 정장	到着(とうちゃく)する 도착하다
高(たか)い 비싸다, 높다	みたいだ ～인 것 같다
そうだ ～인 것 같다(양태), ～라고 한다	まだ 아직, 여지껏
(전문)	生(い)きる 살다, 생존하다
まるで 마치	らしい ～인 것 같다
美(うつく)しい 아름답다	こいつ 이 놈, 이 녀석
花(はな) 꽃	犯人(はんにん) 범인
~の ようだ ～와 같다(비유)	だろう ～이겠지

면 자기주장이 강한 사람으로 비치는 것을 우려하기도 하고, 또 상대에 대한 배려로서(상대에게 불리한 얘기) 그렇게 표현하기도 한다.

알기 쉬운 문법

추측표현

1. そうだ ~인 것 같다, ~일 것 같다

(양태 樣態: 그 모양과 상태를 보니 '~인 것 같다'는 뜻)
자기가 직접 보고 느낀 대로 판단을 할 때 씁니다.
동사 ます형, い・な형용사의 어간에 연결합니다.

　もうすぐ始(はじ)まりそうです。 이제 곧 시작할 것 같아요.

●참고● 전해 들은 말 そうだ (전문 伝聞) ~라고 하더라

동사와 い・な형용사는 종지형(문장을 마칠 수 있게 쓰이는 형태)에, 명사는 だ를 붙인 후에 연결합니다.

기본형		そうだ(양태) ~일 것 같다	
		긍정	부정
동사	降る	降りそうだ 내릴 것 같다	降らなさそうだ 안 내릴 것 같다
い형용사	おいしい	おいしそうだ 맛있을 것 같다	おいしくなさそうだ 맛있지 않을 것 같다
な형용사	しあわせだ	しあわせそうだ 행복한 것 같다	しあわせでは(じゃ)なさそうだ 행복하지 않은 것 같다

기본형		そうだ(전문) ~고 한다	
		긍정	부정
동사	降る	降るそうだ 내린다고 한다	降らないそうだ 내리지 않는다고 한다

い형용사	おいしい	おいしいそうだ 맛있다고 한다	おいしく ないそうだ 맛있지 않다고 한다
な형용사	しあわせだ	しあわせだそうだ 행복하다고 한다	しあわせでは ないそうだ 행복하지 않다고 한다
명사	テスト	テストだそうだ 시험이라고 한다	テストでは(じゃ)ないそうだ 시험이 아니라고 한다

주의) そうだ(양태)　ない → なさそうです,　いい → よさそうです,
　　　そうだ(전문)　명사+だ에 そうです를 붙입니다.
　父(ちち)は　怒(おこ)っているそうです. 아버지는 화가 나셨대요.

2. ようだ, みたいだ　~인 것 같다, ~와 같다(비유)

주관적으로 판단하여 추측할 때 쓰며 비유를 할 때도 쓸 수 있습니다. 동사·い형용사·な형용사의 연체형(명사 앞에서 꾸며주는 형태)에, 명사는 の를 붙인 후 연결합니다. 비슷한 뜻으로 みたいだ가 있는데 주로 구어체에서 사용합니다. みたいだ는 동사와 い형용사는 종지형에, な형용사는 어간에, 명사는 그대로 연결합니다.

	기본형	ようだ ~인 것 같다	みたいだ ~인 것 같다
동사	降る	降るようだ	降るみたいだ 내리는 듯하다
い형용사	おいしい	おいしいようだ	おいしいみたいだ 맛있는 것 같다
な형용사	しあわせだ	しあわせなようだ	しあわせみたいだ 행복한 것 같다
명사	テスト	テストのようだ	テストみたいだ 시험인 것 같다

明日(あした)は　雨(あめ)が　降(ふ)るようだ. 내일은 비가 내린다고 한다.

歌(うた)が　上手(じょうず)で　歌手(かしゅ)みたいだ。노래가 능숙해서 가수 같다.

3. らしい　~인 것 같다, ~같다

다른 사람이나 외부 정보에 근거하여 객관적인 판단을 할 때 쓰며, 자신의 책임을 회피하는 뉘앙스가 있습니다. 위의 みたいだ와 같은 형태로 활용합니다.

明日(あした)から　台風(たいふう)が　来(く)るらしいです。내일부터 태풍이 오나 봐요.

お母(かあ)さんは　元気(げんき)らしいよ。어머니는 건강하신가 봐.

4. だろう(でしょう)　~이겠지(~이겠지요)

불확실한 추측이나 단정을 할 때 쓰며 だろう를 정중하게 말하면 でしょう라고 합니다. 이때 끝을 내려 읽어야 추측하는 말이 되며, 끝을 올려 읽으면 상대방의 의견을 묻는 말이 됩니다. 일기예보를 보면 ~でしょう라는 말을 많이 듣게 됩니다.

あれから　どれくらい　たったのだろう。그로부터 얼마나 시간이 지나간 걸까?

GO! 실전 표현

女1 : 裕太(ゆうた)くん、うれしそうな　顔(かお)を　してるね。
　　　どうしたんだろう。

　　　유-타쿤 우레시소-나 카오시떼루네. 도-시탄다로-

女2 : よく　分(わ)からないけど、　いい　ことが　あったようだね。

요쿠 와카라나이케도 이-코토가 앗따요-다네

男 : 彼女<ruby>かのじょ</ruby>が できたらしいね。

카노죠가 데끼타라시-네

女1 : へぇー、彼女<ruby>かのじょ</ruby>できたんだ。

헤- 카노죠 데끼딴다

女2 : いいなぁ。あたしも 恋人<ruby>こいびと</ruby>が ほしい。

이-나 아타시모 코이비토가 호시-

男 : 近<ruby>ちか</ruby>くで 探<ruby>さが</ruby>して みなよ。

치카꾸데 사가시떼 미나요

女1 : 유타 군, 즐거워 보이는 표정하고 있네.
　　　 무슨 일이 있었을까?
女2 : 잘 모르겠지만 좋은 일이 있었던 것 같네.
男 : 여자 친구가 생긴 것 같아.
女1 : 그래? 여자 친구 생겼구나.
女2 : 좋겠네. 나도 애인을 갖고 싶어.
男 : 가까이에서 찾아 봐.

🎙 새로 나온 **단어**

うれしそうな 기쁜 듯한	투는 아님
分(わ)かる 알다, 이해하다	**恋人(こいびと)** 연인, 애인
できる 생기다	**近(ちか)く** 가까이
いいなぁ 좋겠다, 부럽네	**探(さが)す** 찾다, 탐색하다
あたし わたし의 여성어투, 점잖은 어	**~て みなよ** ~해 보라구

君(くん)

군이란 호칭은 우리나라에서도 쓰지만 일본에선 한국보다 훨씬 폭넓게 사용됩니다. 성인이 되었어도 동년배 남자에게 친근감을 담아 흔히 쓰며, 여자 부하 직원에게도 쓰이는데 좀 딱딱한 느낌이 듭니다.

分かる와 知る

分(わ)かる와 知(し)る는 둘 다 우리말로는 '알다'라고 해석하지만 조금 뉘앙스가 다릅니다. 分(わ)かる는 '의미를 이해하다', 知(し)る는 '지식이나 사실을 알다'라는 뜻입니다. 知(し)る는 항상 知(し)って いる(알고 있다)의 형태로 쓰인다는 것에 주의하세요.

彼の 気持(きも)ちが 分(わ)かる。 그의 마음을 알아(이해해).

彼の 名前(なまえ)を 知(し)って いる。 그의 이름을 알고 있어.

そんな ことは 私も 知ってるよ。 그런 건 나도 안다구!

恋人와 愛人

恋人(こいびと)는 우리말의 '애인(사랑하는 사람)'을 말합니다. 愛人(あいじん)은 한자로 '애인'이라 쓰지만 일본에서는 '불륜상대'를 뜻하는 경우가 보통이니 주의해야 합니다. 자신의 애인을 말할 때 남자 친구는 彼氏(かれし), 여자 친구는 彼女(かのじょ)라고 할 때가 많아요.

近くで 探して みなよ

みなよ는 みなさいよ를 간략하게 말한 것. '가까이서 찾아보지 그러니' 정도의 뉘앙스.

1 다음 문장을 해석하세요.

1. 由起さんは 僕が 好きだそうです。

   _____

2. 車は 到着した みたいです。

   _____

3. 金さんは まだ 生きて いるらしいです。

   _____

2 다음 빈칸을 채우세요.

1. まるで 美しい 花 _____。

   마치 아름다운 꽃과 같다.

2. こいつが _____。이 녀석이 범인일거야.

3. 彼女が _____。여자 친구가 생겼다나 봐.

3 다음 문장을 일본어로 만드세요.

1. 잘 모르겠지만, _____

2. 그 정장은 비쌀 것 같네요. _____

3. 즐거워 보이는 표정을 하고 있네.

   _____

---

1 유키 씨는 나를 좋아한대요. / 차량은 도착한 것 같네요. / 김씨는 아직 살아있는 것 같아요. **2** のようだ / 犯人だろう / できたらしいね **3** よく 分からないけど、/ そのスーツは 高そうですね。/ うれしそうな 顔を してるね。

たばこを 吸っちゃ いけません。
담배를 피우면 안 됩니다. (허락, 금지, 명령)

기본 표현

先に 帰っても いいですか。

사끼니 카엣떼모 이-데스까

먼저 돌아가도 될까요?

この 部屋を 使っても いいですか。

코노 헤야오 츠깟떼모 이-데스까

이 방을 사용해도 될까요?

お伺い しても、よろしいでしょうか。

오우까가이시테모 요로시-데쇼-까

여쭤보아도 괜찮습니까?

ここで 走っては いけません。

코코데 하싯떼와 이케마셍

여기서 뛰면 안 됩니다.

そんな 言葉を 信じては ダメだよ。

손나 코토바오 신지떼와 다메다요

그런 말을 믿어서는 안 돼.

手を きれいに 洗いなさい。

테오 키레-니 아라이나사이

손을 깨끗이 씻어라.

うるさい！静<ruby>か<rt>しず</rt></ruby>かに しろ！

우루사이 시즈카니 시로

시끄러워! 조용히 해!

～ても いいですか ～해도 됩니까?

상대방에게 허락을 구할 때 쓰는 표현으로 ～ても かまいませんか(～해도 상관없나요?)라고 할 수도 있다. 대답은 허락할 경우 はい、～ても いいです(예, ～해도 됩니다) 또는 ～ても かまいません(～해도 상관없어요)라고 하며, どうぞ(～하세요)라고 상대방에게 권할 수도 있다.

よろしいでしょうか

일어에도 존경어와 겸손어가 발달되어 있다. 이것은 いいですか를 정중하고 겸손하게 말한 표현이다.

～ては いけません ～해서는(하면) 안 됩니다

정해져 있는 규칙이나 약속에 대해 금지하는 표현이다. ～ても いいで

새로 나온 단어

てもいいですか ～해도 됩니까?	信(しん)じる 믿다, 신뢰하다
使(つか)う 쓰다, 사용하다	ダメだ 소용없다, 부적당하다
伺(うかが)う 듣다・묻다・방문하다의 겸손어	洗(あら)う 씻다
よろしい (공손한 표현) 괜찮다, 알맞다	～なさい ～하거라
ては いけません ～하면 안 됩니다	うるさい 시끄럽다, 귀찮다
言葉(ことば) 말, 언어	しろ ～해라

すか(~해도 됩니까?)라는 질문에 대답할 때 사용하기도 한다. ~ては いけません은 좀 더 편한 말투로 ~ちゃ だめです라고 할 수도 있다. 여 기서 ~ちゃ는 ~ては를 줄인 형태이다.

　ここに にもつを おいては いけません。여기에 짐을 놓으면 안 됩니다.

そんな 言葉を 信じては ダメだよ

そんな는 약간 비하의 느낌이 있어서 이를 피하려면 そういう라고 하면 된다. ては는 회화체에서 ちゃ라고 할 수 있다.

　そんな 女(おんな)とは 付(つ)き合(あ)いたくないよ。그런 여자와는 사귀고 싶지 않아.

알기 쉬운 문법

명령형 만들기

1. ~해, ~해라

화가 났을 때나 강하게 명령할 때 씁니다. 강한 말투라서 주로 남성들이 쓰는 표현입니다. 여성은 직접적인 표현대신 来(き)て(와)처럼 'て형'을 써서 부드럽게 말하는 것이 좋아요.

그룹	변화 형태	기본형	명령형
1그룹 동사	어미 ウ단 → エ단	行(い)く	行(い)け 가라
2그룹 동사	어미 る삭제 → ろ(よ)	食(た)べる	食(た)べろ(よ) 먹어라
3그룹 동사	불규칙	する 来(く)る	しろ(せよ) 해라 来(こ)い 와라

⇒ 주의) 走(はし)る와 같은 예외 1그룹 동사는 여기서는 2그룹 동사처 럼 走(はし)れ로 변화합니다.

あっちへ 行(い)け! 저쪽으로 가!

さっさと 来(こ)い! 빨리 와!

2. ~하지마

동사 기본형 끝에 な를 붙이면 '~하지마'라고 금지하는 표현이 됩니다. 강한 말투이므로 부드럽게 말하려면 역시 'て형'을 써서 ないで(~하지 말아줘)라고 합니다.

君(きみ)が 好(す)きだから 行(い)くな! 널 좋아하니까 가지마!

心配(しんぱい)するな。걱정하지 마.

3. ~하거라, ~해라

동사 ます형에 なさい를 붙이면 '~하거라'라고 부드럽게 명령·부탁하는 표현이 됩니다. 아랫사람에게 쓰는 말투입니다.

もっと 勉強(べんきょう)しなさい。좀 더 공부해라.

もう やめなさい。이제 그만하거라.

GO! 실전 표현

A : すみません、ここで タバコを 吸(す)っても いいですか。

스미마센 코코데 타바코오 슷떼모 이-데스까

B : ここで たばこを 吸(す)っちゃ いけません。

코코데 타바코오 슷쨔 이케마센

外(そと)では いいですけど、室内(しつない)では だめです。

소토데와 이-데스케도 시츠나이데와 다메데스

A : そうですか。じゃ、ここで お弁当を
食べるのは いいですか。

소-데스까 쟈 오벤토-오 타베루노와 이-데스까

B : ええ、かまいませんよ。

에- 카마이마센요

あそこに 温かい お茶が ありますから、
飲んでも いいです。

아소코니 아타따까이 오챠가 아리마스까라 논데모 이-데스

A : わかりました。 ありがとう ございます。

와까리마시따. 아리가토-고자이마스

A : 실례지만 여기서 담배를 피워도 되나요?
B : 여기서 담배를 피워서는 안 됩니다. 밖에서는 괜찮지만 실내
에선 안 됩니다.
A : 그런가요? 그럼 여기서 도시락을 먹는 것은 괜찮나요?
B : 네, 괜찮습니다. 저기에 따뜻한 차가 있으니까 마셔도 돼요.
A : 알겠습니다. 고맙습니다.

새로 나온 단어

いけません 안 됩니다
室内(しつない) 실내
お弁当(べんとう) 도시락
かまう 상관하다, 지장을 주다

すみません、ここで タバコを…

사과할 때 가장 많이 쓰는 표현이 すみません이지만 여러 가지 의미를 갖는다. 뭔가 의외의 선물을 받을 때, 미안하면서 고마울 때도 이 말을 쓴다. 여기에서는 양해를 구하는 표현이다. 워낙 많이 쓰는 말이라, 친근한 사이에선 すいません이라고 편한 발음으로 변형하는 일도 흔하다. 심지어 이게 옳은 표현이라고 생각하는 젊은 층도 상당수 있다.

かまいませんよ

허락을 말할 때는 大丈夫(だいじょうぶ)です라는 말이 가장 편리한 표현이다.

あそこに 温かい お茶が ありますから、…

ここ, そこ, どこ라는 말은 있지만 あこ라는 말은 없다. あそこ라고 해야 한다. 따뜻하다가 계절을 말할 때는 暖かい 라고 표기한다.

일본 속담

早起(はやおき)は三文(さんもん)の得(とく)。
아침 일찍 일어나는 것은 삼문 이익이다. *文(もん): 옛날 화폐 단위

腹(はら)が減(へ)っては戦(いくさ)が出来(でき)ぬ。
배고프면 전쟁을 할 수 없다.

腹八分(はらはちぶ)に病(やまい)なし。
적당히 먹는 사람에게는 병이 없다.

1 다음 문장을 해석하세요.

1. ここで 走っては いけません。

_____

2. そんな 言葉を 信じては ダメだよ。

_____

3. あそこに 温かい お茶が ありますから、

_____

2 다음 빈칸을 채우세요.

1. この部屋を 使っても _____。

이 방을 사용해도 될까요?

2. 外では _____、室内では _____。

밖에서는 괜찮지만 실내에선 안 됩니다.

3. ここで たばこを 吸っちゃ _____。

여기서 담배를 피워서는 안 됩니다.

3 다음 문장을 일본어로 만드세요.

1. 손을 깨끗이 씻어라. _____

2. 먼저 돌아가도 될까요? _____

3. 괜찮습니다. _____

4. 조용히 해! _____

---

1 여기서 뛰면 안 됩니다. / 그런 말을 믿어서는 안 돼. / 저기에 따뜻한 차가 있으니까 **2** いいですか / いいですけど、だめです / いけません **3** 手を きれいに 洗いなさい。/ 先に 帰っても いいですか。/ かまいませんよ。/ 静かに しろ！

予告も なしに キスされた。
예고도 없이 키스를 받았다.
조동사 れる · られる의 용법

 기본 표현

日本は 海に 囲まれている。
にほん　うみ　かこ

니홍와 우미니 카코마레떼이루

일본은 바다로 둘러싸여 있다. (수동)

傘を 置いて 出かけたら、雨に 降られました。
かさ　お　で　あめ　ふ

카사오 오이테 데까께타라 아메니 후라레마시따

우산을 두고 외출했다가 비를 맞았습니다. (수동)

人が いない 道で、予告も なしに キスされた。
ひと　みち　よこく

히토가 이나이 미찌데 요코쿠모 나시니 키스사레타

사람이 없는 길에서 예고도 없이 키스 받았다. (수동)

点数が よかったから 先生に ほめられた。
てんすう　せんせい

텐스-가 요깟따까라 센세-니 호메라레따

점수가 좋았기 때문에 선생님에게 칭찬받았다. (수동)

私は 日本語を 教えられる。
わたし　にほんご　おし

와타시와 니홍고오 오시에라레루

나는 일본어를 가르칠 수 있다. (가능)

先輩が ロンドンに 行かれた。
せんぱい　い

셈빠이가 론돈니 이까레타

선배님이 런던에 가셨다. (존경)

春の 気配が 感じられた。

하루노 케하이가 칸지라레타

봄 기운이 느껴졌다. (자발)

일어 감각 키우는 문장 뜯어보기

…囲まれている

본래는 囲(かこ)む라는 동사를 수동태로 만들고 상태의 ている가 붙은 것이다.

…降られました

降(ふ)る의 수동형 降られる에 과거를 나타내는 ました가 연결되었다. キスされた는 する가 수동태가 된 것이다. ほめられた는 ほめる의 수동태를 과거형으로 한 것.

…日本語を 教えられる

일본어를 가르칠 수가 있다는 가능 표현이다.

새로 나온 단어

囲(かこ)む 둘러싸다
傘(かさ) 우산
出(で)かける 나가다, 외출하다
予告(よこく) 예고
なしに ~없이

点数(てんすう) 점수
ほめる 칭찬하다
教(おし)える 가르치다, 교육하다
先輩(せんぱい) 선배님
気配(けはい) 기운, 느낌

…ロンドンに 行かれた

行(い)く에 れる가 붙어 존경의 표현이 되었는데 보통은 수동이나 가능과 혼동의 우려가 있어서, 일상적으로는 존경의 표현은 그다지 사용되지 않는 것 같다.

春の 気配が 感じられた

학습자 입장에서 자발의 표현은 문맥을 살펴봐야 알 수가 있다.

알기 쉬운 문법

조동사 れる・られる

조동사 れる・られる는 제법 어려운 부분이다. 그래도 반드시 알아둬야 할 문법사항이므로 일본어 상급으로 가려면 확실히 알아둬야 한다. 영어의 수동태처럼 알아두면 편리하게 구사할 수 있다.

조동사 れる・られる는 수동, 가능, 존경, 자발이라는 4가지 의미가 있다.

(1) 수동은 일어로는 受身(うけみ)라고 하는데, 주어의 의지와 상관없이 이루어지는 일을 표현한다. 가장 중요한 용법이다.

(2) 가능은 '～어떤 일을 할 수 있다' 또는 '가능하다'라는 의미이다.

(3) 존경은 타인의 행동을 표현하는 것으로, 존경하는 의도를 나타낸다.

(4) 자발은 의도하지 않아도 저절로 그렇게 된다는 뜻이다. 비교적 중요하지 않은 용법이다.

姉に 日記を 見られて 気持ちわるい。

아네니 닉키오 미라레테 키모찌와루이

언니가 (내) 일기장을 봐서 기분 나쁘다.

トランプさんが 大統領に 選ばれました。

토람프상가 다이토-료-니 에라바레마시따

트럼프 씨가 대통령에 뽑혔습니다.

最近、彼女に 振られました。

사이킨 카노죠니 후라레마시따

최근 그녀에게 차였습니다.

朝早く, まちがい電話に 起こされました。

아사하야꾸 마찌가이뎅와니 오코사레마시따

아침 일찍 잘못 걸린 전화로 깨어났습니다.

村上春樹の 小説は 外国でも 読まれて います。

무라카미 하루키노 쇼-세츠와 가이코쿠데모 요마레떼 이마스

무라카미 하루키 소설은 외국에서도 읽히고 있습니다.

飼っていた 猫に 死なれて 悲しいです。

캇테이타 네코니 시나레테 카나시-데스

기르던 고양이가 죽어서 슬픕니다.

さつま芋は 焼かなくても 食べられる。

사츠마이모와 야카나쿠테모 타베라레루

고구마는 굽지 않아도 먹을 수 있다. (可能)

先生が 新聞を 読まれて いる。

센세-가 심붕오 요마레테 이루

선생님이 신문을 읽고 계신다. (尊敬)

ちょうど いいときに 社長が 来られました。

쵸-도 이-토키니 샤쪼-가 코라레마시따

딱 좋은 타이밍에 사장님이 오셨습니다. (尊敬)

この 曲を 聴くと 彼女が 思い出される。

코노 쿄쿠오 키쿠토 카노죠가 오모이다사레루

이 곡을 들으면 그녀가 생각난다. (自発)

入院した 母のことが 案じられる。

뉴-잉시타 하하노 코토가 안지라레루

입원한 어머니가 걱정된다. (自発)

새로 나온 단어

見(み)られる 들키다, 봄을 당하다
大統領(だいとうりょう) 대통령
選(えら)ぶ 뽑다, 선출하다
振(ふ)られる 차이다(이성에게)
起(お)こす 일으키다, 깨우다
村上春樹(むらかみ はるき) 현대 일본
의 유명 소설가
外国(がいこく) 외국
悲(かな)しい 슬프다
さつま芋(いも) 고구마

焼(や)く 굽다
新聞(しんぶん) 신문
ちょうど 마침, 정확히
社長(しゃちょう) 사장님
曲(きょく) 음악, 곡조
聴(き)く 듣다
思(おも)い出(だ)す 생각해내다
入院(にゅういん) 입원
案(あん)じる 걱정하다, 생각해내다

● 조동사 れる・られる는 수동, 가능, 존경, 자발이라는 4가지 의미가 있다.

日記を 見られて…

언니가 내 일기를 봤으니 나는 당한 것이다.

…大統領に 選ばれました

뽑은 것은 국민이고 뽑힌 것은 트럼프 씨이다.

彼女に 振られました

그녀가 찼으니 나는 차인 것.

まちがい電話に 起こされました

잘못 걸려온 전화 때문에 일어남을 당했다는 얘기.

小説は 外国でも 読まれて います

소설이니까 읽혀지고 있는 것이다.

猫に 死なれて 悲しいです

이것은 일본어 특유의 수동 표현으로 내가 고양이의 죽음을 당하여 슬픈 것이다.

…焼かなくても 食べられる

굽지 않아도 먹을 수 있다는 가능표현.

…新聞を 読まれて いる

주어가 선생님이니까 당연히 존경 표현을 사용하게 된다. 先生(せんせい)는 우리말과 비슷하게, 교사가 아니라도 존경받는(?) 사회적 지위(정치인 등)의 사람을 부르는 호칭으로 이용된다. 우리말엔 선생 뒤에 '님'을 붙이지만 せんせい뒤엔 아무것도 붙이지 않는다. 사장, 부장, 과장 등의 직급에도 마찬가지다.

…社長が 来られました

사장님의 행동이므로 존경표현을 하는 것인데, 다만 자기 회사 사장님을 외부인에게 얘기할 때는 절대 존경어를 사용하면 안 된다.

…彼女が 思い出される

그녀와의 추억이 있기 때문에 이 노래를 들으면 자연히 그녀가 떠오른다는 얘기.

…母のことが 案じられる

어머니가 입원하셨으니 자연히 걱정된다는 표현.

일본 속담

珍客(ちんきゃく)も 長座(ながざ)にすぎれば 厭(いと)われる。
귀한 손님도 오래 있으면 미움 산다.

月(つき)とすっぽん。
달과 자라. (천양지차)

鶴(つる)の 一声(ひとこえ)。
평범한 무리의 천 마디 말보다 뛰어난 자의 한 마디.

1 다음 문장을 해석하세요.

1. 傘を 置いて 出かけたら、雨に 降られました。

　_____

2. 最近、彼女に 振られました。

　_____

3. 飼っていた 猫に 死なれて 悲しいです。

　_____

4. 朝早く，まちがい電話に 起こされました。

　_____

2 다음 빈칸을 채우세요.

1. 日本は 海に _____。

　일본은 바다로 둘러싸여 있다.

2. 点数が よかったから 先生に _____。

　점수가 좋았기 때문에 선생님에게 칭찬받았다.

3. 春の 気配が _____。

　봄 기운이 느껴졌다.

4. 姉に 日記を _____ 気持ちわるい。

　언니가 (내) 일기장을 봐서 기분 나쁘다.

다음 문장을 일본어로 만드세요.

1. 사람이 없는 길에서 예고도 없이 키스 받았다.

   _____

2. 딱 좋은 타이밍에 사장님이 오셨습니다.

   _____

3. 나는 당신에게 일본어를 가르칠 수 있다.

   _____

---

1 우산을 두고 외출했다가 비를 맞았습니다. / 최근 그녀에게 차였습니다. / 기르던 고양이가 죽어서 슬픕니다. / 아침 일찍 잘못 걸린 전화로 깨어났습니다. 2 囲まれている / ほめられた / 感じられた / 見られて 3 人がいない道で、予告もなしにキスされた。 / ちょうどいいときに社長が来られました。 / 私はあなたに日本語を教えられる。

お酒を 飲ませるのは ダメです。
술을 마시게 하는 것은 안 됩니다.
사역조동사 せる・させる와 가능동사

 기본 표현

カラオケボックスで 部長が 社員に 一曲 歌わせました。

카라오케복꾸스데 부쪼-가 샤잉니 익쿄쿠 우타와세마시따

노래방에서 부장님이 사원에게 한 곡 부르게 했습니다.

学生に 反省文を 書かせました。

가꾸세-니 한세-붕오 카까세마시따

학생에게 반성문을 쓰게 했습니다.

お酒を 無理に 飲ませるのは ダメです。

오사케오 무리니 노마세루노와 다메데스

술을 무리하게 마시게 하는 것은 안 됩니다.

息子に サンドイッチを 食べさせました。

무스코니 산도잇치오 타베사세마시따

아들에게 샌드위치를 먹게 했습니다.

私は 忙しいから 彼女に 電話に 出させた。

와타시와 이소가시-까라 카노죠니 덴와니 데사세따

나는 바쁘니까 그녀에게 전화를 받게 했다.

部屋が 汚いから 息子に 掃除を させました。

헤야가 키타나이까라 무스코니 소-지오 사세마시따

방이 더러우니까 아들에게 청소를 시켰습니다.

質問する ことが あって 彼を 来させました。

시츠몬스루 코토가 앗떼 카레오 코사세마시다

질문할 것이 있어서 그를 오게 했습니다.

사역동사란 타인에게 어떤 행동을 명령, 요구하여 실행하도록 만드는 경우에 사용된다. 사역동사를 만드는 방법은,

· せる ： 1그룹동사와 する동사의 미연형에 연결된다.

· させる ： 2그룹동사와 来る동사의 미연형에 연결된다.

1그룹동사　読む　⇒　読ませる　읽게 하다

2그룹동사　食べる　→　食べさせる　먹게 하다

　　　　　　調(しら)べる　→　調べさせる　조사하게 하다

3그룹동사　する　→　させる　시키다

　　　　　　来(く)る　→　来(こ)させる　오게 하다

社員に 一曲 歌わせました

부하직원에게 노래 한 곡 부르라고 시켰다는 이야기.

새로 나온 단어

カラオケボックス （Karaoke + Box）　　息子(むすこ)　아들

노래방

社員(しゃいん)　사원

反省文(はんせいぶん)　반성문

無理(むり)に　억지로, 무리하게

サンドイッチ(sandwich)　샌드위치

電話(でんわ)に 出(で)る　전화를 받다

汚(きたな)い　더럽다, 불결하다

質問(しつもん)　질문

反省文を 書かせました

반성문을 쓰게 했습니다. 書く→ 書か＋せる 그러니까 1그룹동사의 사역형은 부정형과 같은 형태(書か＋ない)로 변화한다.

彼女に 電話に 出させた

어느 언어나 숙어가 있다. 우리말로는 '전화를 받는다'고 하는데 일어에선 電話に 出る라고 표현한다. 영어로는 answer the phone이라고 한다.

掃除を させました

청소를 시켰다는 얘기. 일어에서 제일 많이 쓰는 동사인 する는 사역형이 させる인데 그냥 외워두면 된다.

彼を 来させました

来る도 역시 する와 마찬가지로 불규칙동사이므로 외워둡시다. 엄청 많이 사용하는 동사니까.

 **GO! 실전 표현**

じゅぎょうちゅう　ぜんぶ　えいご　　はな
授業中は 全部 英語で 話させます。

쥬교-쮸-와 젬부 에-고데 하나사세마스

수업 중엔 전부 영어로 말하게 합니다.

むすめ　あそ　　　　　　べんきょう
娘が 遊んで いたから 勉強させた。

무스메가 아손데 이타까라 벵꼬-사세따

딸이 놀고 있으니까 공부시켰다.

子供に 絵を 描かせました。

코도모니 에오 카까세마시다

아이에게 그림을 그리게 했습니다.

うちの 子は まじめだから、好きなだけ 遊ばせ
ました。

우찌노 코와 마지메다까라 스끼나다께 아소바세마시따

우리 아이는 착실하니까 마음껏 놀게 했습니다.

日本語が 分かれば、一人で どこでも 行けます。

니홍고가 와까레바 히토리데 도코데모 이케마스

일본어를 알면 혼자서 어디라도 갈 수 있습니다.

足が 痛くて もう 歩けません。

아시가 이타꾸테 모- 아루케마센

발이 아파서 더는 걸을 수 없습니다.

私と 彼女は 2ヶ月に 一度 会えます。

와타시토 카노죠와 니카게츠니 이치도 아에마스

나와 그녀는 2개월에 한 번 만날 수 있습니다.

お酒に 弱くて、少ししか 飲めません。

오사케니 요와쿠테 스코시시까 노메마센

술에 약해서 조금밖에 마시지 못합니다.

カレーライスを 作る ことが できますか。

카레-라이스오 츠쿠루 코토가 데키마스까

카레라이스를 만들 수 있습니까?

子供に 絵を 描かせました

に는 '～에게'라는 조사이다.

うちの 子は まじめだから、好きなだけ 遊ばせました

うち는 우리 집이란 뜻도 있지만 자기에게 소속된 것을 우리말로는 '우리 ～'라고 하는데 그에 해당하는 말이다. 好きなだけ는 '좋아하는 만큼'인데 여기에서는 '원하는 만큼'이 된다.

● 가능을 표현할 때는 れる・られる도 있지만 1그룹동사의 경우는 가능동사를 사용하면 명료하게 뭔가 할 수 있다는 의미를 전달할 수 있다.

私と 彼女は 2ヶ月に 一度 会えます

우리말로는 '1個月'이라고 쓰는데, 일어로는 1ヶ月라고 쓴다. ヶ는 개수를 나타내는 약자와 같은 글자다.

日本語が 分かれば、…

分かる 의미 자체가 가능이므로 分かれる라고 말하지 않는다.

새로 나온 단어

授業中(じゅぎょうちゅう) 수업중	まじめだ 착실하다, 진지하다
全部(ぜんぶ) 전부	遊(あそ)ばせる 놀게하다
話(はな)させる 말하게하다	行(い)ける 갈수있다
娘(むすめ) 딸, 아가씨	会(あ)える 만날수있다
絵(え) 그림	飲(の)める 마실수있다
描(か)かせる 그리게하다	カレーライス 카레라이스

カレーライスを 作る ことが できますか

가능을 나타낼 때, 동사 기본형 + ことが できます(~할 수 있습니다)라
는 형태를 취할 수도 있다.

　ゴルフを する ことが できます。 골프를 칠 수 있습니다.

　→ ゴルフが できます。 골프를 칠 수 있습니다.

 알기 쉬운 문법

가능동사를 만드는 법 (ます형 앞의 모음을 e로 바꾼다)

가능동사는 1그룹동사만 가능하며, 2그룹과 3그룹동사는 가능동사가
없어서 れる・られる 조동사로 표현하면 된다.

　言う → 言える 말할 수 있다

　読む → 読める 읽을 수 있다

　話す → 話せる 말할 수 있다

　起きる → 起きられる 일어날 수 있다

　する → できる 할 수 있다

　来(く)る → 来(こ)られる 올 수 있다

타동사는 보통 목적어에 조사 を를 붙이지만, 가능동사에서는 が를 사
용한다. 이점이 우리말과 다른 점이다.

　山田(やまだ)さんは ハングルを 読(よ)みます。 야마다 씨는 한국어
　를 읽습니다.

　→ 山田さんは ハングルが 読めます。 야마다 씨는 한국어를 읽을
　수 있습니다.

1 다음 문장을 해석하세요.

1. 部長が 社員に 一曲 歌わせました。
   _____

2. 私は 忙しいから 彼女に 電話に 出させた。
   _____

3. お酒を 無理に 飲ませるのは ダメです。
   _____

4. カレーライスを 作る ことが できますか。
   _____

2 다음 빈칸을 채우세요.

1. 質問が あって 彼を_____。
   질문이 있어서 그를 오게 했습니다.

2. 授業中は 英語で _____。
   수업 중엔 영어로 말하게 합니다.

3. お酒に 弱くて、少ししか _____。
   술에 약해서 조금밖에 마시지 못합니다.

3 다음 문장을 일본어로 만드세요.

1. 발이 아파서 더는 걸을 수 없습니다.
   _____

2. 2개월에 한 번 만날 수 있습니다.
   _____

3. 아들에게 샌드위치를 먹게 했습니다.

_____

일본 속담

愛多(あいおお)ければ憎(にく)しみ至(いた)る。
사랑이 많은 이는 쉽게 미움에 이른다.

会(あ)うは別(わか)れのはじめ。
만남은 이별의 시작.

悪妻(あくさい)は百年(ひゃくねん)の不作(ふさく)。
악처는 백년 원수.

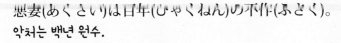

1 부장님이 사원에게 한 곡 부르게 했다. / 나는 바쁘니까 그녀에게 전화를 받게 했다. / 술을 무리하게 마시게 하는 것은 안 됩니다. / 카레라이스를 만들 수 있습니까? 2 来させました / 話させます / 飲めません 3 足が 痛くて もう 歩けません。 / 2ヶ月に 一度会えます。 / 息子に サンドイッチを 食べさせました。

완전 초보 일본어 첫걸음 | 281

お宅にうかがってもよろしいですか。
댁에 찾아뵈어도 괜찮습니까?
존경어, 겸양어 따라잡기

기본 표현

A : 行ってまいります!

잇떼 마이리마스
다녀오겠습니다!

B : いってらっしゃい!

잇떼랏샤이
다녀오세요!

C : 部長は何を買ってきたの?

부쪼-와 나니오 캇떼 키따노
부장님은 뭘 사왔니?

D : 部長は冷たいビールをお買いになりました。

부쪼-와 츠메타이 비-루오 오카이니 나리마시따
부장님은 차가운 맥주를 사셨습니다.

E : お待たせしてどうもすみません。

오마타세 시떼 도-모 스미마셍
기다리게 해드려 죄송합니다.

F : いいえ、かまいません。

이-에 카마이마셍
아니오, 괜찮습니다.

X : 明日、先生の お宅に うかがっても よろしいですか。

あした せんせい たく

아시타 센세-노 오타쿠니 우까갓떼모 요로시-데스까

내일 선생님 댁에 찾아뵈어도 괜찮습니까?

Y : うん、大丈夫だよ。

だいじょうぶ

응 다이죠-부다요

응, 괜찮네.

일어 감각 키우는 문장 뜯어보기

行って まいります

여기에서 まいります가 겸양표현이다.

いってらっしゃい

이것은 行って いらっしゃい가 축약된 것인데, 축약형이 오히려 대세가 되었다.

お待たせして どうも すみません

이것은 사과 인사 표현인데, 누구를 기다리게 해서 미안할 경우 대단히

새로 나온 단어

まいる 오다, 가다(겸양어), 패배하다	**お宅(たく)** 댁
冷(つめ)たい 차갑다	**うかがう** 찾아뵙다, 여쭙다, 듣다의
待(ま)たせ 기다리게 함	겸양어
かまう 상관하다, 지장을 주다	

정중하게 사과한다면 お待(ま)たせいたしまして 申(もう)し訳(わけ)ございません이라고 말한다. 친한 사이라면 お待(ま)たせ!로도 충분하다.

…うかがっても よろしいですか

'괜찮습니까?'라고 물어볼 때 평범한 말투는 'いいですか'이고, 정중하게 말하려면 よろしいですか라고 하면 된다.

알기 쉬운 문법

존경어와 겸양어 익히기

우리말도 마찬가지지만 상대를 높이는 존경어(~님)와 자기를 낮추는 겸손어(나→저)가 있다. 자기를 낮추는 표현은 겸양어라고도 한다. 29과에서 れる·られる로 존경표현을 나타낸다고 배웠다. 그런데 이것은 존경뿐 아니라 수동이나 가능의 의미도 있어서 모호한 표현이므로, 아래에서 순수하게 존경의 표현을 배워보자.

존경표현

① お+동사 연용형+に なる

お出(で)かけに なる 외출하시다

お着(つ)きに なる 도착하시다

② 개별적으로 알아둘 다양한 표현

行く(가다), 来る(오다), いる(있다) → いらっしゃる 가시다 / 오시다 / 계시다

言う → おっしゃる 말씀하시다

見る → ご覧(らん)になる 보시다

食べる → めしあがる 잡수시다

する → なさる 하시다

겸양표현

① お+동사 연용형+ する(いたす)

する보다는 いたす가 확실한 겸양표현이 된다.

お呼(よ)びします。 부르겠습니다.

お持(も)ちいたします。 가져오겠습니다.

② 개별적으로 알아둘 다양한 표현

行く(가다), 来る(오다) → まいる 가다 / 오다

言う(말하다) → もうす 말씀드리다

見る(보다) → 拝見(はいけん)する 뵙다

いる(있다) → おる 있다

食べる(먹다) → いただく 먹다

する(하다) → いたす 하다

やる(주다) → さしあげる 드리다

会う → お目(め)にかかる 만나뵙다

 GO! 실전 표현

Y : すみません。

스미마센

B : はい、 どちら様でしょうか。
さま

하이 도찌라사마데쇼―까

Y : 私は 韓国から まいりました ヤンと 申しま
わたし かんこく もう
すが、 小嶋先生は いらっしゃいますか。
こじませんせい

와타시와 캉코쿠까라 마이리마시타 양토 모―시마스가

고지마 센세―와 이랏샤이마스까

B : すぐ 呼んで まいりますので、少々 お待ちください。

스그 욘데 마이리마스노데 쇼-쇼- 오마찌쿠다사이

Y : 久しぶりに お目に かかります。
お元気でしょうか。

히사시부리니 오메니 카까리마스 오겡끼데쇼-까

K : はい、おかげさまで。ヤンさんの ご家族の 皆さんも お変わり ございませんか。

하이 오카게사마데. 양상노 고카조꾸노 미나상모 오카

와리 고자이마셍까

Y : はい、相変わらず 元気です。

하이 아이카와라즈 겡끼데스

Y : 실례합니다.

B : 예, 누구십니까?

Y : 저는 한국에서 온 양이라고 합니다. 고지마 선생님은 계십니까?

B : 곧 불러올 테니 잠시 기다려주십시오.

Y : 오랜만에 뵙습니다. 잘 지내십니까?

K : 예, 덕분에요. 양 선생 가족 분들도 별고 없으십니까?

Y : 예, 여전히 잘 지냅니다.

새로 나온 단어

どちら様(さま) 누구 (높임말)	おかげさまで 덕분에
申(もう)す 말씀드리다, 고하다(겸양어)	皆(みな)さん 여러분
久(ひさ)しぶりに 오랜만에	お変(かわ)り 별고, 변화
お目(め)にかかる 만나 뵙다	相変(あいか)わらず 여전히

● 누구냐고 물을 때 だれ는 그냥 '누구?'이고 → どなた → どちら様(さ
ま)이렇게 존경도가 올라간다.

韓国からまいりました

まいる는 한자로 参る라고 쓴다. 평범체로는 来ました라고 한다. 주로
쓰이는 의미는, 1) 가다, 오다의 겸손 표현 2) 패배하다, 질리다
예) まいったな。이거 참 낭패구만.

呼んでまいりますので、

평범체로는 呼んで来ますので라고 하면 된다. 전철 승강장에서 보이는
전광판에 '전철이 곧 온다'는 표현으론 電車がまいります이다.

少々 お待ちください

잠시 기다려 달라고 양해를 구하는 대단히 정중한 표현으로 보통 표현
으로는 ちょっと 待って ください라고 한다.

お元気でしょうか

ですか를 정중하게 하면 でしょうか가 된다.

お変わり ございませんか

어떤 사물이 없다고 말할 때도 보통은 ありません, 정중한 표현으로는
ございません이라고 한다.

1 다음 문장을 해석하세요.

1. いってらっしゃい! _____
2. お待たせして どうも すみません。

   _____
3. 明日、先生の お宅に うかがっても よろしいですか。

   _____
4. ご家族の 皆さんも お変わり ございませんか。

   _____

2 다음 빈칸을 채우세요.

1. 行って _____! 다녀오겠습니다!
2. 部長は 冷たい ビールを _____。

   부장님은 차가운 맥주를 사셨습니다.
3. 久しぶりに _____。

   오랜만에 뵙습니다.

3 다음 문장을 일본어로 만드세요.

1. 잠시 기다려주십시오. _____
2. 여전히 잘 지냅니다. _____
3. 고지마 선생님은 계십니까? _____

1 다녀오세요! / 기다리게 해드려 죄송합니다. / 내일 선생님 댁에 찾아뵈어도 괜찮습니까? / 가족 분들도 별고 없으십니까? **2** まいります / お買いに なりました / お目に かかります **3** 少々 お待ちください。/ 相変わらず 元気です。/ 小嶋先生は いらっしゃいますか。

part 3

일본 여행에 꼭 필요한

일본어 회화

일본 여행에 꼭 필요한
일본어 회화

　해마다 늘어나는 해외여행자 수. 2018년 기준으로 보면 해외로 출국하는 여행자의 목적지 1위가 일본으로 그 수가 무려 753만 명이었습니다(2위 중국 476만 명). 정치적으로 양국관계가 불편하고 반일감정이 뿌리 깊은 상황을 고려해보면 확실히 일본 여행은 상당한 매력이 있다고 결론지을 수 있습니다.

　일단 일본과 중국은 가장 가까운 나라이고 국가간 서로 합의가 되어 있기 때문에 전철이나 버스, 호텔, 화장실 등 주요 시설에 한국어가 표기되어 있어서 일본어를 몰라도 큰 불편 없이 돌아다닐 수 있습니다. 그래서 일본에 개인적으로 놀러 가는 우리 고등학생들도 적지 않습니다.

　그래도 돌아다니다 보면 현지인에게 길을 물어야 하는 경우가 생깁니다. 필자가 드리고 싶은 말씀은 모르는 이에게 말을 걸 때 단 한마디 すみません(실례합니다)이라고 말을 걸라는 것입니다. 다짜고짜 용건부터 말하는 것은 그 자체로 실례이고 느닷없이 서툰 일본어로 말하면 알아듣기도 어렵습니다. 이것은 일본뿐 아니라 어느 나라에 가더라도 마찬가지입니다. 이쪽이 아쉬워서 물어보는 것이니까 최소한의 예의는 차려야 합니다. 독자 여러분! 부디 즐거운 일본 여행을 하시길 바랍니다.

일본의 지역별 인구

- 홋카이도 (北海道)
- 토호쿠 지방 (東北地方)
- 칸토 지방 (関東地方)
- 츄부 지방 (中部地方)
- 칸사이 지방 (関西地方)
- 시코쿠 (四国)
- 츄고쿠 지방 (中国地方)
- 큐슈/오키나와 (九州/沖縄)

효고현
557만 명

오오사카

후쿠오카현
511만 명

후쿠오카

고베

큐슈 九州

4.2만㎢
(경상도+충남)
1,317만 명

시코쿠 四国

1.9만㎢ (경북)
393만 명

오사카부
886만 명

홋카이도 北海道
ほっかいどう
8.3만㎢ (남한−강원도)
547만 명

□ 삿포로

혼슈 本州
22.8만㎢ (남한+북한)
1억 360만 명

사이마타현
720만 명

■ 사이타마

도쿄도
1,320만 명

후지산 ■ ■ 요코하마

치바 현
620만 명

카나가와현
907만 명

아이치현
742만 명

통화

화폐 단위는 엔(円)이며 대체로 한국 돈보다 10배의 가치라고 생각하면 된다. 100엔=1,000원

신용카드

우리나라에선 소비 진작을 위해 신용카드 받는 것이 의무화되었지만, 일본에선 신용카드를 받지 않는 곳이 많아서 꼭 현금을 휴대해야 한다. VISA나 MASTER 카드는 일본에서도 사용 가능하다. 은행이나 우체국 ATM 기계에서 현금서비스를 받을 수 있다.

전압

전압이 100V라는 것은 일본 여행에서 좀 불편한 점이다. 휴대폰 충전은 꼭 필요하므로 변환 어댑터(일명: 돼지코 변환 플러그)를 미리 준비해야 한다. (2천 원이면 구매 가능)

공항 도착

항공편 출발보다 2시간 전에는 도착해야 한다. 인천공항 터미널의 경우 좌우로 1km나 되므로 타야 할 항공사 카운터(A~N)를 스마트폰으로 미리 검색해 두면 허둥대며 헤매지 않을 것이다. 특히 제2터미널이 생겼기 때문에 집에서 출발하기 전 꼭 확인해 두어야 한다. 카운터의 배치는 때때로 변동이 생기기도 한다.

인천공항 터미널별 항공사 카운터
- 제1터미널: 아시아나항공, 일본항공, 제주항공, 티웨이항공 등
- 제2터미널: 대한항공, 델타항공 등

출국 수속

카운터에서 체크인을 할 때 항공사 직원은 탑승 게이트에 도착할 시간을 알려준다. 인천의 경우 출국 게이트가 4군데 정도 있는데 네이버 검색창에 '인천공항 출국장'이라고 치면 출국장별 대기인원수가 보인다. 현재 위치를 확인하여 덜 붐비는 가까운 곳으로 들어가자.

출국장에 들어갈 때는 탑승권(搭乗券)과 여권(パスポート)을 들고 있어야 한다. 그리고 보안검사를 받는다. 바구니 두 개에 외투와 가방을 따로 넣고 금속탐지기를 통과한다. 다음은 출국심사를 받는데 만 19세 이상이면 자동출입국 서비스(여권 인

식, 지문 인식, 얼굴 인식)를 받으면 시간을 절약할 수 있다. 그러면 이제 탑승구로 가면 된다. 도중에 면세점이 있으니 시간이 나면 쇼핑을 할 수도 있다.

탑승 게이트까지

대형항공사는 탑승 게이트까지 가깝지만 저가항공사(LCC)의 경우는 탑승 게이트까지 셔틀열차 또는 버스로 이동해야 한다. 출발하기 30분 전에 탑승이 시작된다. 승무원에게 다시 여권과 탑승권을 보여야 한다.

일본 입국

비행기가 멈추고, 내려도 된다는 기내방송이 나오면 내려서 입국심사대로 간다. 미리 외국인 입국카드(外国人入国記録)를 작성해야 한다. 카드엔 일어 · 영어 · 한국어로 적혀 있는데(예: 生年月日 Date of birth 생년월일) 영어나 일어로만 작성해야 한다. 이것도 과거에 비해서 간소화되었다.

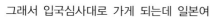

스마트폰의 인천공항 출국장 상황

그래서 입국심사대로 가게 되는데 일본여권 소지자와 외국여권 소지자는 심사대가 별도로 있다. 양쪽 집게손가락과 얼굴 인식을 받고 입국 목적 질문을 받을 수도 있다.

다음은 수하물 찾는 곳(手荷物受取所)으로 가서 여행가방을 찾는다. 마지막으로 세관을 통과하면 입국수속은 끝난다. 세관에서는 세관신고서를 제출하는데, 100만 엔 이상의 현금이나 면세 범위 초과 물품을 소지하고 있으면 신고가 필요하다.

전철 이용하기

1) 노선도에서 목적지 요금을 확인한다.
2) 판매기에서 JRきっぷ(JR승차권) 버튼 누른다. 3) 여러 요금 숫자 중에서 원하는 숫자를 누른다. 4) 돈을 넣는다. 5) 잔돈과 승차권을 뽑는다. 6) 개찰구에는 IC専用(IC전용─ 교통카드)과 きっぷ(1회용 승차권)가 있음

충전식 교통카드 스이카(スイカ)

1. 기본 회화

처음 외국어 회화를 하려면 쑥스러움을 극복해야 합니다. 용기를 내어 말을 하고 의사소통이 되는 걸 체험해보는 것도 의미 있는 일입니다. 말보다 표정이 큰 역할을 합니다. 무표정보다는 호감을 주는 표정을 지어봅시다.

□ 잠깐만요!
待(ま)って!
맛떼

□ 말씀 좀 묻겠습니다.
ちょっとおたずねします。
춋또 오타즈네시마스

□ 천천히 말씀해 주세요.
ゆっくり話(はな)してください。
육꾸리 하나시떼쿠다사이

□ 여기가 어디예요?
ここはどこですか。
코꼬와 도꼬데스까

□ 화장실은 어디 있습니까?
トイレはどこですか。
토이레와 도꼬데스까

□ 언젠가 또 만나길 바랍니다.
いつかまた会(あ)えるといいですね。
이츠까마따 아에루또 이-데스네

2. 기내에서

일본까지는 두 시간 밖에 안되고 대부분 한국인 승무원이 있어서 불편함은 없습니다. 입국심사 시 제출할 입국신고서를 적어 두면 나중에 편합니다. 대형항공사는 기내식이 나오지만 LCC(저가항공사)에는 무료 기내식이 없고 돈을 지불해야 갖다 줍니다.

□ 음료는 뭐가 있나요?
どんな飲(の)み物(もの)がありますか。
돈나 노미모노가 아리마스까

□ 커피를 부탁합니다.
コーヒーをお願(ねが)いします。
코-히-오 오네가이 시마스

□ 맥주를 주세요.
ビールをください。
비-루오 쿠다사이

□ 미안합니다 좀 지나가겠슈니다
すみません。ちょっと通(とお)してください。
스미마셍 춋토 토-시테 쿠다사이

□ 모포를 주십시오.
毛布(もうふ)をください。
모-후오 쿠다사이

3. 입국 수속

입국심사장에서는 길게 줄을 서는 일이 많습니다. 이곳에선 사진 촬영 금지구역이므로 주의해야 합니다. 양손 검지 인식시키고 얼굴사진 찍으면 통과합니다. 다음은 수하물을 찾고 마지막으로 세관을 통과하면 끝납니다.

□ 저는 한국에서 왔습니다.

私(わたし)は韓国(かんこく)から来(き)ました。

와타시와 캉꼬꾸까라 키마시따

□ 여권을 보여주세요.

パスポートを見(み)せてください。

파스뽀-또오 미세떼쿠다사이

□ 입국 목적은 무엇입니까?

入国(にゅうこく)の目的(もくてき)は何(なん)ですか。

뉴-꼬꾸노 모꾸테끼와 난데스까

□ 관광[비즈니스]입니다.

観光(かんこう)[ビジネス]です。

캉꼬-[비지네스]데스

□ 4일 머무를 예정입니다.

4日間(よっかかん), 滞在(たいざい)の予定(よてい)です。

욕까깐 타이자이노 요떼-데스

□ 그랜드 호텔에 머무를 겁니다.

　グランドホテルに泊(と)まります。

　구란도호테루니 토마리마스

□ 첫 방문입니다.

　初(はじ)めての訪問(ほうもん)です。

　하지메떼노 호-몬데스

□ 가방을 열어주세요.

　カバンを開(あ)けてください。

　카방오 아께떼쿠다사이

　スーツケースを開(あ)けてください。

　수-츠케-스오 아케테 쿠다사이

*바퀴 달린 여행용 가방을 キャリーバッグ(carry bag)라고도 한다.

□ 신고할 것은 없습니다.

　申告(しんこく)するものはありません。

　싱꼬꾸스루 모노와 아리마셍

□ 이건 제가 쓸 것입니다.

　これは自分用(じぶんよう)です。

　코레와 지분요-데스

4. 길 묻기

모르는 이에게 말을 걸 때 すみません(실례합니다)라고 양해를 구해야 합니다. 다짜고짜 용건부터 말하는 것은 그 자체로 실례이고 나쁜 인상을 주게 됩니다. 이것은 일본뿐 아니라 어느 나라에 가더라도 마찬가지입니다.

□ 걸어서 몇 분 걸립니까?
歩(ある)いて何分(なんぷん)かかりますか。
아루이테 남뿐 카까리마스까

□ 여기에서 가깝습[멉]니까?
ここから近(ちか)い[遠(とお)い]ですか。
코꼬까라 치카이[토-이]데스까

□ 우에노공원은 이 길로 가면 됩니까?
上野公園(うえのこうえん)はこの道(みち)でいいんですか。
우에노코-엔와 코노미찌데 이인데스까

□ 편의점을 찾고있습니다.
コンビニを探(さが)しているのですが。
콤비니오 사가시테 이루노데스가

□ 이 근처에 있습니까?
この近(ちか)くにありますか。
코노 치카쿠니 아리마스까

□ 여기서 걸어서 5분 정도입니다.

ここから歩(ある)いて5分(ごふん)ほどです。

코꼬까라 아루이테 고훈 호도데스

□ 여긴 처음입니다.

こちらは初(はじ)めてです。

코치라와 하지메테데스

□ 이 지도에 표시를 해주세요.

この地図(ちず)に印(しるし)をしてください。

코노 치즈니 시루시오 시테 쿠다사이

□ 저는 길눈이 어둡습니다.

私(わたし)は方向音痴(ほうこうおんち)なんです。

와타시와 호-코-온치난데스

□ 꽤 멀어요

結構(けっこう)遠(とお)いです。 켁코- 토-이데스

*結構와 비슷한 말은 相当(そうとう)、かなり가 있다.

□ 직진하면 보입니다.

まっすぐ行(い)けば見(み)えます。

맛스구 이케바 미에마스

버스는 지역마다 차이가 있는데 대개는 운전기사 옆 요금함에 돈을 넣으면 됩니다. 택시는 올라 탄 후에 문을 닫으면 안됩니다. 일본 택시는 모두 자동문이라서 손으로 닫으면 고장의 우려가 있으므로 손대지 않는 것이 좋습니다.

□ 나리타공항까지 부탁합니다.

成田空港(なりたくうこう)までお願(ねが)いします。

나리타쿠-코-마데 오넹아이 시마스

□ 오사카성까지 가주세요.

大阪城(おおさかじょう)まで行(い)ってください。

오-사카죠-마데 잇테 쿠다사이

□ 공항까지 대략 얼마입니까?

空港(くうこう)までおよそいくらですか。

쿠-코-마데 오요소 이쿠라데스까

□ 여기서 세워 주세요.

ここで止(と)めてください。

코꼬데 토메테 쿠다사이

□ 트렁크를 열어 주시겠어요?

トランクを開(あ)けてくれますか。

토랑쿠오 아케테 쿠레마스까

□ 버스 정류소는 어디에 있습니까?

バス停(てい)はどこですか。

바스테-와 도코데스까

□ 이 버스는 공항에 갑니까?

このバスは空港(くうこう)へ行(い)きますか。

코노바스와 쿠-코-에 이키마스까

□ 우에노를 지나갑니까?

上野(うえの)を通(とお)りますか。

우에노오 토-리마스까

□ 다음 버스는 몇 시에 옵니까?

次(つぎ)のバスは何時(なんじ)に来(き)ますか。

츠기노 바스와 난지니 키마스까

□ 이케부쿠로에 도착하면 내려주세요.

池袋(いけぶくろ)に着(つ)いたら降(お)ろしてください。

이케부쿠로니 츠이타라 오로시테 쿠다사이

□ 여기에서 내릴게요.

ここで下(お)ります。

코꼬데 오리마스

6. 전철 이용

전철역에는 한국어 안내가 많이 붙어 있어서 편리합니다. 노선도에서 목적지 요금을 확인하고 매표기에 돈을 넣으면 됩니다. 스이카(suica)를 구입해서 충전하면 더 편리합니다. 보증금 500엔이 포함되어 처음 2천 엔어치 구입하면 1500엔이 충전됩니다.

□ 가장 가까운 지하철역은 어디 있습니까?

一番(いちばん)近(ちか)い地下鉄駅(ちかてつえき)はどこですか。　이치방 치카이 치카테츠에키와 도코데스까

□ 어디서 갈아타면 됩니까?

どこで乗(の)り換(か)えればいいですか。

도코데 노리카에레바 이-데스까

□ 긴자로 가는 것은 무슨 선입니까?

銀座(ぎんざ)へ行(い)くのは, どの線(せん)ですか。

긴자에 이쿠노와 도노센데스까

□ 어느 역에서 내리면 됩니까?

どこの駅(えき)で降(お)りればいいのですか。

도코노 에키데 오리레바 이-노데스까

□ 급행은 이 역에서 섭니까?

急行(きゅうこう)はこの駅(えき)に止(と)まりますか。

큐-코-와 코노에키니 토마리마스까

□ 요금 정산기는 어디 있나요?

精算機(せいさんき)はどこにありますか。

세-산끼와 도꼬니 아리마스까

*전철역에서 표를 구매할 때, 구간별 교통비 지도에서 목적지가 안 보여서 곤란할 경우엔 적당히 저렴한 표를 구입하여 타면 된다. 목적지에서 のりこし 精算機에 구입한 차표를 넣으면 부족한 액수가 표시된다. 돈을 넣으면 새 차표가 나온다. 이것으로 개찰구를 통과하면 된다. のりこし는 乗り越し로 목적지를 지나쳤다는 이야기.

□ 당신이 내릴 역은 여기에서 다섯 번째 역입니다.

あなたの降(お)りる駅(えき)はここから５つ目(め)です。

아나따노 오리루에키와 코꼬까라 이츠츠메데스

□ 여기 앉아도 될까요?

ここに座(すわ)ってもいいですか。

코꼬니 스왓테모 이-데스까

□ 급행열차는 있나요?

急行列車(きゅうこうれっしゃ)はありますか。

큐-꼬- 렛샤와 아리마스까

□ 사고 때문에 열차가 지연되고 있습니다.

事故(じこ)のため列車(れっしゃ)が遅(おく)れています。

지코노타메 렛샤가 오쿠레떼이마스

□ 이 급행은 카메아리 역에선 서지 않습니다.

この急行(きゅうこう)は亀有駅(かめありえき)には止(と)まりません。

코노 큐-코-와 카메아리에끼니와 토마리마셍

□ 차표 좀 보여주실까요?

切符(きっぷ)を見(み)せていただけますか。

킵푸오 미세테 이타다께마스까

*지정석이 있는 열차의 경우, 요금이 비싼 객차가 중간에 배치된 경우가 종종 있다. 그래서 객차 내에서 차표를 검사하기도 한다.

7. 페리에서

어디나 한국어 안내가 있으므로 일본어가 서툴러도 차분히 살펴보면 문제는 없습니다. 도쿄라면 항공편밖에 생각할 수 없지만 부산에서 선편으로 후쿠오카는 3시간 걸리고, 오사카까지는 19시간이 걸리는데 항공편에서 느낄 수 없는 정취가 있습니다.

□ 선박 여행은 이번이 처음입니다.

船旅(ふなたび)はこれが初(はじ)めてです。

후나타비와 코레가 하지메테데스

*船는 ふね라고 읽지만 뒤에 단어가 붙어 복합명사가 되면 ふな라고 변음되기도 한다.

□ 뱃멀미로 속이 불편합니다.

船酔(ふなよ)いで気分(きぶん)が悪(わる)いです。

후나요이데 키붕가 와루이데스

306 | 완전 초보 일본어 첫걸음

□ 승선시간은 몇 시입니까?

乗船時間(じょうせんじかん)は何時(なんじ)ですか。

죠-센지칸와 난지데스까

□ 하루에 몇 편 있습니까?

一日(いちにち)に何便(なんびん)ありますか。

이치니치니 남빙아리마스까　*배나 항공기의 운행 횟수는 便으로 표현한다.

□ 여기 돌아오는 것은 몇 시인가요?

ここに戻(もど)るのは何時(なんじ)ですか。

코코니 모도르노와 난지데스까

□ 구명조끼는 어디 있습니까?

救命胴衣(きゅうめいどうい)はどこにありますか。

큐-메-도-이와 도코니 아리마스까

8. 관광하기

관광지나 고속도로 휴게소, 호텔 등 무료지도가 넘쳐나는 곳이 일본입니다. 특히 관광지
에는 한국어로 된 지도를 쉽게 얻을 수 있습니다.

□ 입장료는 얼마입니까?

入場料(にゅうじょうりょう)はいくらですか。

뉴-죠-료-와 이쿠라데스까

□ 세 시 표를 사겠습니다.

3時(さんじ)のチケットを買(か)います。

산지노 치켓토오 카이마스

□ 전부 지정석입니까?

全部(ぜんぶ)指定席(していせき)ですか。

젬부 시테-세키데스까

□ 꼭 봐야 할 곳은 어디입니까?

絶対(ぜったい)見(み)るべきところはどこですか。

젯타이 미루베키 토코로와 도코데스까

□ 왕복으로 어느 정도 시간이 걸립니까?

往復(おうふく)で何時間(なんじかん)かかりますか。

오-후쿠데 난지칸 카까리마스까

□ 중식 포함입니까?

昼食(ちゅうしょく)はついてますか。

츄-쇼쿠와 츠이테마스까

□ 출발은 몇 시입니까?

出発(しゅっぱつ)は何時(なんじ)ですか。

슙파츠와 난지데스까

□ 몇 시에 돌아옵니까?

何時(なんじ)に帰(かえ)りますか。

난지니 카에리마스까

□ 안에 입장해도 되나요?

中(なか)に入(はい)れますか。

나카니 하이레마스까

□ 이 건물은 전망대가 있나요?

このビルに展望台(てんぼうだい)はありますか。

코노비루니 템보-다이와 아리마스까

□ 도쿄디즈니랜드에 가고 싶어요.

東京(とうきょう)ディズニーランドへ行(い)きたいです。

토-쿄-디즈니-란도에 이키따이데스

9. 쇼핑하기

우리나라는 신용카드 받는 것이 의무지만, 일본에선 신용카드를 받지 않는 곳이 많아서 꼭 현금을 휴대해야 합니다. VISA나 MASTER 카드는 일본에서도 사용 가능합니다. 일단 신용카드를 받는지 확인이 필요합니다.

□ 그냥 보는 거예요.

見(み)ているだけです。   미떼이루다께데스

□ 선물을 사고 싶어요.
お土産(みやげ)を買(か)いたいんです。
오미야게오 카이타인데스

□ 이것이 가장 마음에 듭니다.
これが一番(いちばん)気(き)に入(い)りました。
코레가 이치방 키니이리마시따

□ 만져 봐도 될까요?
触(さわ)ってみてもいいですか。
사왓테 미테모 이-데스까

□ 같은 것으로 다른 사이즈는 있습니까?
同(おな)じで別(べつ)のサイズがありますか。
오나지데 베츠노 사이즈가 아리마스까

□ 이 재킷은 너무 화려합니다.
このジャケットは派手(はで)すぎます。
코노쟈켓토와 하데스기마스

□ 하나면 됐습니다.
一つで結構(けっこう)です。
히토츠데 켓코-데스

□ 다음 기회에 살게요.
　またの時(とき)にしましょう。

　마타노 토키니 시마쇼-

□ 거울은 어디 있나요?
　鏡(かがみ)はどこですか。　카가미와 도코데스까

□ 사이즈가 맞지 않아요.
　サイズが合(あ)いません。　사이즈가 아이마센

□ 이게 딱 맞습니다.
　これがピッタリ合(あ)います。　코레가 핏타리 아이마스

□ 이건 너무 꽉 끼네요.
　これはきつすぎます。　코레와 키츠스기마스

□ 이런 디자인은 좋아하지 않습니다.
　こんなデザインは好(す)きじゃないです。

　콘나 데자인와 스키쟈나이데스

□ 다른 것을 보여 주세요.
　ほかのを見(み)せてください。

　호까노오 미세떼 쿠다사이

□ 최신형입니까?

最新型(さいしんがた)ですか。　사이싱가타데스까

□ 그건 6번 코너에 있습니다.

それは六番(ろくばん)コーナーにございます。

소레와 로쿠반코-나-니 고자이마스

□ 예산은 3만 엔 정도입니다.

予算(よさん)は3万円(さんまんえん)くらいです。

요상와 삼만엔쿠라이데스

□ 좀 더 큰[작은] 것이 있습니까?

もっと大(おお)きい[小(ちい)さい]のがありますか。

못또 오-끼-[치-사이]놓아 아리마스까

*が행이 단어 중간에 오는 경우 が행 앞글자에 이응받침이 붙고 g음은 없어지는
현상을 비탁음(鼻濁音)이라고 한다.

예 おねがい(오넹아이) かがみ(캉아미) かぎ(캉이)

□ 지불은 어디서 합니까?

お勘定(かんじょう)はどこですか。　오칸쬬-와 도꼬데스까

□ 전부해서 얼마가 됩니까?

全部(ぜんぶ)でいくらになりますか。

젬부데 이꾸라니 나리마스까

□ 신용카드도 됩니까?

クレジットカードもいいですか。

쿠레짓또카-도모 이-데스까

10. 식당에서

일본은 세계적으로 맛있는 식당에 평가를 하는 미슐랭의 인정을 받은 곳이 가장 많습니다. 국내 포털 사이트에서 검색해 봐도 일본 대도시의 맛있는 식당에 다녀온 블로거들의 소개가 가득합니다. 주의할 점은 영업시간이 모두 다르니까 확인하고 가야 낭패를 보지 않습니다.

□ 지금 식사할 수 있나요?

今(いま), 食事(しょくじ)が出来(でき)ますか。

이마 쇼쿠지가 데키마스까

□ 얼마나 기다려야 하나요?

どのくらい待(ま)ちますか。　도노쿠라이 마찌마스까

□ 금연석은 있습니까?

禁煙席(きんえんせき)はありますか。

킹엔세끼와 아리마스까

□ 개별 룸은 있습니까?

個室(こしつ)はありますか。

코시쯔와 아리마스까

□ 창가 자리에 앉아도 될까요?
窓際(まどぎわ)の席(せき)はとれますか。
마도기와노 세끼와 토레마스까

□ 구석 자리를 부탁합니다.
隅(すみ)の席(せき)をお願(ねが)いします。
스미노 세끼오 오넹아이 시마스

□ 여기요!
すみません!
스미마셍

□ 이걸로 하겠습니다.
これにします。　코레니 시마스
これをください。　코레오 쿠다사이

□ 같은 걸 부탁합니다.
同(おな)じものをお願(ねが)いします。
오나지모노오 오넹아이 시마스

□ 주문을 변경해도 될까요?
注文(ちゅうもん)を替(か)えてもいいですか。
츄-몬오 카에테모 이-데스까

□ 이건 어떻게 먹으면 됩니까?
これはどう食(た)べますか。
코레와 도- 타베마스까

□ 물 한 잔 주세요.
　水(みず)を一杯(いっぱい)ください。
　미즈오 잇파이 쿠다사이

□ 아주 맛있어요.
　とても美味(おい)しいです。
　토테모 오이시-데스

□ 짜요.
　しょっぱいです。
　숍파이데스

□ 뭐든 잘 먹어요.
　何(なん)でもよく食(た)べます。
　난데모 요쿠 타베마스

□ 제겐 너무 답니다.
　私(わたし)には甘(あま)すぎます。
　와타시니와 아마스기마스

□ 기름기 많은 음식은 안 좋아해요.
　脂(あぶら)っこい物(もの)は苦手(にがて)です。
　아부락코이모노와 니가테데스

□ 많이 먹었습니다.
　十分(じゅうぶん)いただきました。
　쥬-분 이타다키마시따

□ 계산을 하겠습니다.

お勘定(かんじょう)をお願(ねが)いします。

오칸죠-오 오네가이시마스

11. 패스트 푸드점에서

메뉴 사진마다 번호와 가격이 적혀 있으니까 일본어에 능하지 못해도 어려움이 없을 것
입니다. 주세요는 ください도 되지만 お願(ねが)いします가 좋은 표현입니다. 가져가는
것은 持(も)ち帰(かえ)り라고 합니다.

□ 어서 오세요. 뭘 드시겠습니까?

いらっしゃいませ。何(なに)になさいますか?

이랏샤이마세 나니니 나사이마스까

□ 치즈버거 세트와 콜라를 주십시오.

チーズバーガセットと コーラーをください。

치-즈바-가 셋또또 코-라-오 쿠다사이

□ 사이즈는 어느 걸로 하시겠습니까?

サイズはどちらになさいますか。 사이즈와 도치라니 나사이마스까

□ 가져가실 건가요, 여기서 드실 건가요?

お持(も)ち帰(かえ)りですか, こちらで召(め)し上(あ)が
りますか。   오모치카에리데스까 코치라데 메시앙아리마스까

□ 여기서 먹을 겁니다.

ここで食(た)べます。　코꼬데 타베마스

□ 콜라 한 병, 작은 것을 주세요.

コーラー1本(いっぽん), 小(ちい)さいのください。

코-라- 입뽕 치이사이노 쿠다사이

12. 호텔

보통 체크아웃하는 날 귀국하게 되는데, 항공편이 저녁 늦게 있는 경우 낮 동안 짐을 호텔에 맡기면 편하고 비용도 안 듭니다. 아니면 전철역 코인로커(コインロッカー)에 넣어둬야 합니다.

□ 여기서 체크인할 수 있습니까?

ここでチェックインできますか。코꼬데 첵쿠인데키마스까

*チェックイン: 체크인(check-in)은 보통 호텔에서 하는 수속(본인 확인, 객실 열쇠 인도)인데 비행기 탈 때도 한다.

□ 서울에서 예약했습니다.

ソウルで予約(よやく)しました。소우르데 요야꾸시마시따

*호텔마다 체크인 시작 시간이 다르므로 확인이 필요하다. 보통은 오후 2시~오후 5시 사이에 시작된다.

□ 오늘밤 빈 방이 있을까요?

今夜(こんや), 空(あ)き部屋(べや)はありますか。

콩야 아키베야와 아리마스까

□ 1인실로 하고 싶은데요.

一人部屋(ひとりべや)にしたいです。

히토리베야니 시따이데스

□ 방값은 얼마입니까?

部屋代(へやだい)はいくらですか。

헤야다이와 이꾸라데스까

□ 좀 더 싼 방은 없습니까?

もっと安(やす)い部屋(へや)はありませんか。

못또 야스이 헤야와 아리마셍까

□ 요금은 아침 식사도 포함된 것입니까?

料金(りょうきん)は朝食(ちょうしょく)付(つ)きですか。

료-낀와 쵸-쇼꾸쯔끼데스까

□ 퇴실시간은 몇 시입니까?

チェックアウトタイムは何時(なんじ)ですか。

첵꾸아우또 타이무와 난지데스까

□ 식당은 어디에 있습니까?

食堂(しょくどう)はどこにありますか。

쇼꾸도-와 도꼬니 아리마스까

□ 식당은 몇 시에 엽니까?

食堂(しょくどう)は何時(なんじ)に開(あ)きますか。

쇼꾸도-와 난지니 아끼마스까

□ 맡긴 짐을 찾고 싶은데요.

預(あず)けた荷物(にもつ)をもらいたいです。

아즈께따 니모쯔오 모라이따이데스

□ 숙박을 연장하고 싶습니다.

宿泊(しゅくはく)を延長(えんちょう)したいです。

슈쿠하쿠오 엔쵸-시타이데스

□ 체크아웃을 하겠습니다.

チェックアウトをお願(ねが)いします。

첵쿠아우또오 오넹아이 시마스

*키를 반납하고 별도로 이용한 서비스 비용을 지불하게 된다. 어떤 호텔은 별도 서비스 이용이 없는 경우 룸키만 반납할 수 있는 무인 시스템이 되어 있다.

□ 5시까지 짐을 맡아 주시겠습니까?

5時(ごじ)まで荷物(にもつ)を預(あず)かっていただけますか？　고지마데 니모츠오 아즈깟테 이타다께마스까

5時(ごじ)まで荷物(にもつ)を預(あず)かってもらえますか？

고지마데 니모츠오 아즈캇테모라에마스까

□ 공항까지 택시로 얼마나 걸립니까? (시간)
空港(くうこう)までタクシーで何分(なんぷん)くらいで
すか。
쿠-꼬-마데 타꾸시-데 남뿐꾸라이데스까

□ 들어오세요.
お入(はい)りください。　오하이리 쿠다사이

□ 방을 바꾸고 싶어요.
部屋(へや)を変(か)えたいです。
헤야오 카에따이데스

□ 이 방은 시끄러워요.
この部屋(へや)はうるさいです。
코노 헤야와 우루사이데스

□ 방에다 열쇠를 두었어요.
部屋(へや)に鍵(かぎ)を置(お)き忘(わす)れたんです。
헤야니 강이오 오끼와스레딴데스

□ 직원을 보내 주세요.
一人(ひとり)よこして下(くだ)さい。
히토리 요꼬시떼 쿠다사이

13. 건강 표현

병원에 가면 의사는 お医者(いしゃ)さん이고 여성 간호사는 看護婦(かんごふ) 남자는 看護師(かんごし)라고 합니다. 의사를 직접 부를 때는 先生(せんせい)라고 하면 되고, 간호사에겐 さん을 붙이면 됩니다.

□ 몸이 아파요.

具合(ぐあい)が悪(わる)いです。

구아이가 와루이데스

□ 여기가 아파요.

ここが痛(いた)いです。

코꼬가 이타이데스

□ 감기 걸렸어요.

風邪(かぜ)を引(ひ)きました。

카제오 히끼마시따

□ 오한이 납니다.

寒気(さむけ)がします。

사무께가 시마스

□ 토할 것 같아요.

吐(は)き気(け)がします。

하끼께가 시마스

□ 열이 나요.

熱(ねつ)があります。

네쯔가 아리마스

14. 트러블 상황

여권을 분실하는 경우에 대비하여 여권 사진 페이지를 사진 찍어 놓으면 도움이 됩니다. 일본에서 긴급상황 시 경찰에 전화하려면 110번을 누르면 됩니다. 일본에서는 기본 상식이니 알아둡시다.

□ 도와주세요!
助(たす)けて!
타스케테

□ 그만해!
やめて!
야메떼

□ 경찰을 불러주세요.
警察(けいさつ)を呼(よ)んでください。
케-사츠오 욘데쿠다사이

□ 지갑을 도난 당했습니다.
財布(さいふ)を盗(ぬす)まれました。
사이후오 누스마레마시따

□ 여권을 잃어버렸습니다.
パスポートをなくしました。
파스포-또오 나꾸시마시따

□ 한국대사관은 어디 있습니까?
韓国大使館(かんこくたいしかん)はどこですか。
캉꼬꾸타이시깐와 도꼬데스까

나도 일본어로 말할 수 있다!
완전초보 일본어 첫걸음

초판 6쇄 발행 | 2024년 11월 15일

지은이 | 이형석
디자인 | 강성용
일러스트 | 황종익, 정병철, 国井由起
성   우 | 한국인: 엄현정
　　　　일본인: 山野内 扶、栄徳 恵梨

제   작 | 선경프린테크
펴낸곳 | Vitamin Book
펴낸이 | 박영진

등   록 | 제318-2004-00072호
주   소 | 07250 서울특별시 영등포구 영등포로 37길 18 리첸스타2차 206호
전   화 | 02) 2677-1064
팩   스 | 02) 2677-1026
이메일 | vitaminbooks@naver.com
웹하드 | ID vitaminbook / PW vitamin

© 2019 Vitamin Book
ISBN 979-11-89952-56-3 (13730)
잘못 만들어진 책은 바꿔 드립니다.

웹하드에서
mp3 파일 다운 받는 방법

💚 다운 방법

▼

| STEP 01 | 웹하드 (www.webhard.co.kr)에 접속
아이디 (vitaminbook) 비밀번호 (vitamin) 로그인 클릭 |

▼

| STEP 02 | 내리기전용 클릭 |

▼

| STEP 03 | Mp3 자료실 클릭 |

▼

| STEP 04 | 완전 초보 일본어 첫걸음 클릭하여 다운 |